동기
현상과 이해

장은미 | 진현 공저

박영사

머리말

　30년 가까이 경영학 과정의 필수과목인 조직행동을 강의하면서 항상 아쉬움이 있었다. 동기 또는 동기 부여는 인간과 사회의 근본적인 문제를 다루는 매우 중요한 주제임에도 불구하고, 많은 다른 주제들과 섞이다 보니 대부분 교재에서 20페이지 정도로 다루어졌다. 그러다 보니 이론 하나하나가 의미가 깊고 현실적인 시사점이 많음에도 불구하고 이론의 맛깔스러움은커녕 그냥 밋밋한 핵심적 단어 나열을 통한 요약 정도로 그치고 말았다. 그 딱딱한 내용을 읽으며 독자들은 동기 관리의 묘미를 얼마나 느낄 수 있을까 생각되었고 그래서인지 대부분 오래된 이론들을 취급받는 점이 많이 아쉬웠다. 그래서 동기부여에 특화되어 여러 이론들의 핵심적인 주장점들과 관련된 연구들의 청사진을 폭넓으면서도 깊이있게 정리하는 저서를 작성하고 싶다는 열망을 오래전부터 갖게 되었다.

　이론적이면서도 동시에 이론적이지만은 않은 주제가 바로 동기 연구들이다. 모든 동기부여 이론들은 깊이있게 들어가면 하나같이 내용이 흥미로울 뿐 아니라 현실적인 쓰임새도 크다. 그 이론적인 논거들도 그러하려니와 여러 방향으로 뻗어나가서 이루어지는 후속 연구들도 매우 재미있고 신선한 사고거리를 제공한다. 본 저서는 30년 동안 연구한 내용들, 실무, 컨설팅, 자문 등을 통한 경험, 그리고 수업 시간에 이루어진 많은 직장인들과의 진지한 토론들을 통하여 깨달은 내용들을 담고 있다.

　여러 업무들과 병행해가면서 책 서술작업을 하는 것이 수월하지는 않았다. 그럴 때마다, 이 책을 쓰는 '나의 동기는 무엇일까?'에 대한 생각이 자주 들었다. 지난 30년간 내가 어떤 이슈들로 고민하였고 연구를 하였는지에 대해 소중한 사람들에게 전달하고 싶은 욕망이 컸던 것 같다. 코로나라는 팬데믹 시간의 그늘에서 연구실 또는 동네 카페에서 '동기'라는 주제에 몰입할 수 있었던 것은 오히려 유익한 시간이었다.

　공저자인 진 현 박사는 지난 10여 년 동안 연구 활동을 같이 하면서, 특히 실무적 시각에서 견인차적 역할을 해주었다. 학문적 동반자인 진 현 박사와 이번에도 공저하게 되어 더욱 기쁘다. 연세 경영대 매니지먼트의 선후배 교수님들은 학문적으로나 사고의 측면에서나 최고의 롤모델이었다. 이런 동료들을 만난 것은 정말 큰 행운이었다. 그리고 항상 열정적이고 새로운 시각으로 자극을 주는 이정원교수와 방대한 양의 자료 확보에 도움을 준 권지민 학우에게도 감사한다.

　지난 30년간 아내로서, 엄마로서 지냈던 삶의 현장이 곧 동기부여에 대한 의미있는 학습의 장이었다. 항상 곁에 있었던 최고의 가족 구성원들, 서기성 교수, 그리고 자민, 자영, 준현에게 감사와 사랑의 마음을 전한다.

장은미

머리말

　　무엇이 구성원들로 하여금 더 행복하게 업무에 몰입하게 만드는가? 연구자로 오랫동안 현장에서 근무하면서 많은 경영진들에게 받는 질문이다. 기성세대는 장기 근속을 하면서 회사에 대해 무한한 애착을 가졌기에 동기부여에 대한 별도의 고민이 이루어지지 않았지만 지금의 젊은 세대는 다르다. 젊은 세대는 다양한 가치관과 욕구를 가지고 있기에 단순한 보상제도만으로는 그들의 몰입을 이끌어 내는 데 충분하지 않다. 우리 현장은 다양한 세대의 구성원들의 욕구와 동기를 더 이해하기 위해, 이들을 동기부여하기 위해 다양한 노력을 시도해왔다. 구성원들에게 더 많은 자율권을 주고 회사와 관련된 더 많은 정보를 투명하게 전달함으로써 구성원들의 몰입과 참여를 이끌고자 하였다. 구성원의 몰입을 위한 새로운 제도를 도입할 때 경영학에서 연구되어 온 동기 이론은 경영진을 설득할 때 큰 도움이 되었다. 이 책은 저자의 이런 경험을 동기 이론과 함께 반영하고자 하였다.

　　장은미 교수님은 평소에도 현장의 동기부여에 관하여 수시로 나에게 조언을 해 주셨다. 덕분에 평소 교수님과 나누어 온 이야기들을 이 책에서 심도있게 담을 수 있었다. 그래서 더욱 장은미 교수님께 감사하다. 교수님은 이런 좋은 주제의 책을 집필하시면서 나를 공저자로 초대해 주셨다. 교수님이 선뜻 기회를 주지 않으셨다면 내가 감히 이렇게 학문적이면서도 또한 실용적인 책을 쓸 생각조차 하지 못했을 것이다. 책을 쓰는 과정에서도 교수님과 함께 다양한 이야기를 나눌 수 있었고 이론과 현장 간 관계에 대해서 계속 토론했던 것은 나에게 값진 경험이 되었다.

　　장 교수님과 함께 책을 써보고 싶다고 말씀드렸을 때 너그럽게 허락해 주신 삼성경제연구소의 차문중 소장님과 인사조직실 이정일 실장님께도 다시 한번 감사의 말씀을 드린다. 두 분은 책을 통해 학문을 더욱 탐구하고 싶어하는 연구자의 마음을 헤아려주셨을 뿐 아니라 격려해 주셨기에 내가 책을 쓰겠다는 용기를 낼 수 있었다.

　　책의 마무리 단계에서 이 책의 프레임워크에 대해 멋진 의견을 내주신 예지은 박사에게도 감사하다는 말씀을 드리고 싶다. 예 박사 덕분에 책의 구조를 멋지게 만들 수 있었고 독자들이 이 책을 더 잘 이해할 수 있게 되었다고 생각한다.

　　마지막으로 항상 내 편이 되어주시고 격려와 응원을 아끼지 않으시는 어머니에게 감사 말씀을 드린다. 주말마다 내가 책을 쓴다고 씨름할 때 맛있는 음식을 만들어 주시고 기도해 주시고 응원해 주셨기에 더 행복하게 책에 집중할 수 있었다.

진　현

이 책은 연세대학교 경영연구소의 '전문학술저서 및 한국기업경영연구 총서' 프로그램의 지원을 받아 출간되었습니다.

차 례

동기이론에
스며들기

동기이론에 스며들기

1 왜 '동기'인가?

　동기(motivation)에 대한 강의를 하다 보면 많이 받는 질문 중 하나가 "도대체 동기는 무엇인가?"이다. 동기는 개인의 성격이나 생각을 의미하는 것인가? 행동을 의미하는 것인가? 아니면, 가시적인 성과를 의미하는 것인가? 사람들은 동기의 정확한 의미에 대해 무척 많이 혼란스러워한다. 사실 동기를 다룬 방대한 연구들도 동기에 대해 일치된 개념을 제시하지는 않는다. 개인들마다 특정 행동을 취하게 되는 과정이 제각각일 수 있기 때문에, 동기에 대한 개념이 조금씩 다른 것은 어쩌면 당연한 일일 수 있다. 하지만 분명한 것은 동기는 성격과 같은 요소가 아니고(Judge & Ilies, 2002), 성과 자체도 아니라는 점이다(Sun et al., 2014). 동기는 성격처럼 타고나면서 잘 변화하지 않는 측면이나 성과처럼 결과적으로 획득하게 되는 측면이 아니라, 성과나 행동에 직접적인 영향을 미치지만 상황적 요소의 영향을 많이 받는, 그래서 자주 변하는 내면적인 요소로 봐야 한다. 따라서 동기를 이해할 때는 행동의 '원인' 정도로 폭넓게 보는 편이 문제가 없을 것으로 판단된다.

　동기는 행동의 세 가지 측면에 영향을 미친다. 행동의 세 가지 측면이란 "어떤 행동을 선택하는가(direction, choice), 그 행동을 얼마나 강렬하게 보여주는가(intensity, effort), 얼마나 오랫동안 그 행동을 지속하는 가(duration, persistence)"이다(Locke & Latham, 2004). 즉, 동기 수준이 높을 수록 특정 행동을 오랜 시간 동안 강렬하게 보여주게 된다. 그런데 동기 수준을 높이기 위해서는 당근과 채찍 같은 방식을 활용해 구성원들을 강제로 밀어붙이는 방식은 효과가 없으며 구성원들 스스로 움직이게 만 드는 '당기기(pulling)'가 중요하다(Michaelson, 2005). 따라서 동기 관리는 '행동을 발생시키는 개인의 내면적 요소들이 자발적으로 작동되도록 유 인하는 것'(Locke & Latham, 2004: 388)을 의미한다고 볼 수 있다.

　　동기는 행동의 원인이다. 그렇다면 왜 원인을 알아야 하는 걸까? 원인을 이해하면 바람직한 행동을 유도할 수 있을 뿐 아니라 불필요한 갈등을 줄일 수 있기 때문이다. 이런 이유에서 동기 관리는 응용학문인 경영학에서 매우 중요한 주제다. 그런데 동기 관리의 핵심은 '다양성'에 있다. 사람들마다, 그리고 각자가 놓인 상황에 따라 행동의 원인은 다양 하고 변화하기 때문이며, 나아가서 사회 현상 자체가 복잡하기도 하거 니와 이러한 현상을 바라보는 사람들의 시각도 다양하기 때문이다.

　　하지만 성과 향상이나 경쟁력 제고라는 분명한 목표를 추구하는 조 직 관리의 특성 때문인지, 경영자들과 토론하다 보면 항상 적용될 수 있 는, 그리고 빠르게 효과를 볼 수 있는 하나의 답을 찾으려는 오류를 쉽 게 발견하게 된다. 그런데 그런 방식으로는 지식과 통찰을 얻을 수 없다. 모든 사회과학의 이론들은 각각의 독특한 설명력을 가지지만, 동시에 예 외없는 이론도 없기 때문이다. 즉, 모든 상황에서 적용될 수 있는 최상의 답안은 존재하지 않으며 예외적인 경우가 발견되는 것은 지극히 자연스 러운 현상이다. 따라서 동기 이론들을 포함하는 사회과학의 영역에서는 '전부 아니면 전무(All or Nothing)!'라는 태도를 가장 경계해야 한다. 우리 는 동기 부여를 이해하거나 동기 부여를 위한 관리 방식을 고심하는 과 정에서 단일의 최적해를 구하려는 접근에서 벗어나, 다양성에 기반한 시각을 견지해야 한다. 이런 접근방식은 학문적으로는 '상황 적합성' 논 리를 의미한다. 이러한 점을 동기이론의 대표적인 석학인 Bandura(2012)

는 "인간의 삶을 포함한 사회의 모든 현상은 변화한다. 따라서 사회과학에서 다루는 모든 요소의 효과도 고정적이지 않고 변화한다. 그러므로 모든 이론은 인간이 취하는 행동의 복잡성을 설명하기 위해 상황적 요소들을 고려해야 한다"고 설명하였다. 결국 세상에 가장 우월한 이론은 존재하지 않으며 또한 사회과학에서 100% 완벽한 예측은 존재하지 않는다.

　사회과학으로서 동기이론은 또 다른 중요한 특성을 갖는데, '해석'과 '적용'이 그것이다. '해석'이 사회과학이기에 갖는 특징이라면, '적용'은 응용학문으로서 경영학이 갖는 특징이라 하겠다. 사회과학자는 자신만의 시각을 형성하는 과정에서 사회적 맥락의 영향을 받을 수밖에 없고, 이러한 자신만의 시각이 해석을 통하여 자신의 이론에 반영될 수밖에 없다. 이 책의 저자들도 예외가 아니다. 수십 년간 직장인을 대상으로 강의하고 자문하며 연구 활동을 수행하는 과정에서 저자들이 경험한 영역 안에서 해석된 내용들을 기반으로 이 책이 기술되었다. 따라서 이 책의 내용은 이른바 정통적인 심리학자들이 내놓은 해석과는 차이가 있을 수 있다. 그 이유는 아마도 '적용'의 측면 때문일 것이다. 사회과학 중에서 경영학은 가장 목적지향성이 높은 분야이다. 즉, 심리학은 행동의 원인에 대한 '이해'에 초점을 둔 학문인 반면, 경영학은 이해를 넘어서는 '적용'을 중시하는 학문이라는 점에서 같은 이론에 대해서도 해석의 차이가 있을 수 있는 것이다. 이러한 '해석'과 '적용'의 측면은 독자들의 경우에도 마찬가지로 작동된다. 저자들이 책에서 내놓은 해석은 독자들의 해석과 차이가 있을 수 있기 때문에, 독자들도 나름의 해석의 틀을 구축해가며 자신의 영역에서 적용해가는 시도를 하는 것이 바람직하다.

2
동기의 현상과 실체를 분석하는 전략

앞서 설명한 바와 같이 동기의 핵심은 '다양성'이다. 동기에 관한 실로 광범위한 논의들이 존재하기 때문에, 효과적으로 취사선택하여 활용하기 위해서는 전략이 필요하다. 이를 본 저서에서는 '따로' 또 '같이' 전략으로 설명한다.

가. '따로' 전략: 집중적인(focused) 접근이 필요하다.

"인사는 만사다"나 "우리가 남이가"라는 식으로 모든 인적자원 관리 이슈들을 포괄적으로 접근하는 조직이 실제로 많다. 그런 조직들은 좋은 인간관계를 유지하면 조직이 당면한 모든 문제를 해결할 수 있을 것이며 모든 목표를 달성할 수 있을 거라고 생각한다. 하지만 인적자원 관리에는 '정확한 진단과 처방'이 필요하다. 동기에 대한 이해 및 관리도 마찬가지다. 복잡해 보이는 현상의 기저에 놓인 핵심 요소나 원인을 파악하고 그 원인을 잘 설명해주는 이론을 선택할 필요가 있다. 하지만 그 이론이 당면한 문제 상황을 이해하고 개선하는 데 필요한 해결의 실마리를 제공한다 하더라도, 상황이 변했을 때에도 그런 효과가 지속될 거라고 기대해서는 안 된다. 즉, 어떤 이론이 어떤 문제를 효과적으로 설명해주는 경험을 하였더라도, 상황 변화에 따라서 처방을 달리하는 접근이 필요하다.

기업들은 구성원들의 동기를 관리하기 위해 다양한 제도를 활용하지만 동기 관리는 근본적으로 개인적 차원의 이슈로 접근해야 한다. 우리 회사 직원들 대다수에게 동시에 효과를 발휘할 동기 관리를 고민하기보다는 주어진 상황에서 특정 구성원이 느끼는 동기 측면을 파악하기 위해 접근하는 것이, 즉 그 구성원의 동기가 저하된 원인이 무엇이고 그 구성원의 동기를 고취시키려면 어떻게 지원할 것인지 등 개인적인 수준의 접근이 필요하다. 그래서 동기 관리는 회사의 제도를 만드는 인사담당 부서의 몫이 아니고 매일매일 구성원들을 리드해야 하는 팀장과 같은 현업 관리자들의 몫이다. 그리고 같은 개인이라 하더라도 상황이 변함에 따라 동기도 달라지기 때문에, 탄력적으로, 상황에 적합하게, 기민하게 접근해야 한다. 그렇게 하기 위해서는 관리자가 평상시에 다양한 동기이론을 폭넓게 이해하는 것이 매우 중요하다.

나. '같이' 전략: 다른 영역의 동기들 사이의 관계를 이해해야 한다.

각각의 이론을 만든 학자들은 자신이 옳다고 믿는 방향으로 깊이 파고드는 연구를 한다. 하지만 독자들 및 관리자들은 어느 하나의 이론에만 몰입하기보다는, 동기이론 각각의 핵심 내용을 숙지하면서 동시에 전체적인 시각도 견지하여야 한다. 동기 이론들은 매우 많지만, 동기이론의 전체적인 그림을 그려보면 핵심적인 세 개의 영역으로 구분할 수 있다. 내재적 동기 영역, 외재적 동기 영역, 인지적 동기 영역이 그것이다. 내재적 동기는 기본적으로 업무 자체에서 비롯되는 동기이고, 외재적 동기는 직무 이외의 것들(임금, 복지제도, 인간관계, 회사 정책, 고용 안정 등)로 인한 동기이며, 인지적 동기는 구성원의 머리 속에서 발생하는 정보 처리 및 학습의 효과를 의미한다.

본 저서에서 자세히 설명하겠지만, 이 세 영역의 이론들은 행동이나 성과 변화가 일어나는 핵심적인 메커니즘을 각각 독특하게 설명하고 있다. 그런데, 흥미로운 점은 이 요소들 간에 모종의 관계가 존재한다는 점이다. 즉, 이 요소들 사이에 조화로운 관계가 맺어질 수도 있고 자칫 위험한 관계가 형성될 수도 있다. 따라서 각 이론들의 구체적인 내용뿐 아니라 전체적으로 세 동기 영역들 간의 관계를 이해하는 것이 매우 중요하다. 이러한 관계들에 대해서는 각 이론들에 대한 부분에서도 설명할 것이며, 마지막 장에서 다시 한번 통합적으로 설명할 것이다.

3
이 책의 독자층과 구성

　동기는 모든 사람의 관심사겠지만, 각자가 원하는 지식의 내용이나 깊이는 다를 것이다. 자신의 동기를 분석하여 자기계발을 하겠다는 목적을 추구하는 사람도 있을 것이고, 아주 실무적인 시각에서 자신의 부서원들에게 당장 적용 가능한 구체적 기법에 대한 세세한 정보를 원하는 관리자도 있을 것이다. 본 저서는 그런 작업에 활용할 수 있는 실무서가 아니다. 물론 동기가 우리 삶의 핵심이기 때문에 현실적인, 그리고 실무적인 사례들이 본 저서에서 많이 활용되기는 한다. 하지만 실무적인 지침보다는 행동의 현상과 원인에 대한 그간의 연구들을 정리하여 전체적인 그림을 그려보고, 이를 지도로 삼아서 앞으로의 고민의 방향을 제공하는 것이 본 저서의 목적이다. 따라서 본 저서에 가장 적합한 독자층은 당장의 성과향상을 위한 방법을 모색하는 관리자보다는, 동기 관리에 대한 깊이 있는 분석에 관심을 갖고, 고민을 통하여 동기 현상에 대한 이해를 추구하는 사람들이다. 구체적으로는 경영학을 전공하는 학부생이나 석박사과정생, MBA 수업에서 심층적인 접근을 원하는 직장인 수강생을 독자층으로 염두에 두고 집필하였다.

　동기는 정말 광범위한 내용을 아우르는 주제다. 따라서 감히 본 저서에 모든 분야의 많은 연구들을 다 담을 수는 없다. 본 저서는 대표적인 이론들 위주로, 그리고 진행됐던 연구들의 핵심적인 내용을 기반으로 저자들이 '해석'적인 정리를 했다는 점을 밝히는 바다. 따라서 본 저서가 모든 동기 연구들을 담고 있다고 오해해서는 안 될 것이며, 독자들이 이 책에 실린 내용을 바탕으로 자신만의 동기 관리 스토리를 엮어나가는 데 필요한 디딤돌 정도로 생각해줬으면 한다.

　워낙 방대한 양의 논의를 종합하다 보니, 일관된 방식으로 내용을 정리하면 전달력이 더 높을 것이라고 판단했다. 반드시 그렇게 섹션을 나누지는 않더라도, 모든 논의는 다음의 질문들을 염두에 두고 구성하였다. 따라서 독자들도 다음과 같은 시각을 염두에 두고 책을 읽어 주면 좋을 것이라고 생각한다.

① 각 이론의 핵심적인 내용은 무엇인가?
② 연구 결과들에서 어떠한 실무적 시사점을 도출해낼 수 있을까?
③ 연구 결과를 적용하는 데 개인적 차이와 문화적 차이는 어떤 역할을 하는가?
④ 각 이론들의 한계점은 어떤 것들이 있으며, 관련 연구들은 어떤 방향으로 진행되어야 할까?

이 책의 2장은 그 동안 학계에서 가장 많이 연구된 12개의 주요 동기 이론들을 다룬다. 각 이론의 핵심적인 내용들, 그리고 관련된 다양한 연구들뿐 아니라 현실 적용에 있어서 고려되어야 하는 논의들이 담겨 있다. 그런데, 각 이론들은 자신만의 시각과 주장이 뚜렷하지만 전체적으로 동기 연구에 대한 그림을 가지고 가면 이해하는 데에 더 효과적일 것이라 내재적 동기, 외재적 동기, 인지적 동기 등 세 가지 영역으로 구분하여 설명하였다. 우선 내재적 동기는 업무 자체에서 오는 동기이며 욕구이론, 2요인이론, 직무특성이론, 인지적 평가이론, 자기결정이론을 포함하였다. 외재적 동기는 업무 이외의 요소에서 오는 동기이며 과학적 관리이론, 기대이론, 공정성이론, 대리인이론을 포함하였다. 마지막으로 정보 처리로 인하여 발생하는 동기인 인지적 동기에서는 사회적 학습이론과 목표설정이론, 시그널링이론을 다루었다. 3장에서는 21세기 핵심 화두인 창의성 연구들을 살펴보았다. 창의성 연구도 다양한 시각에서 이루어졌기 때문에 여기서는 주로 동기 이론적인 시각에 기반하여, 창의성이라는 주제에 동기 이론들이 어떻게 활용되었는지에 대하여 살펴보았다. 끝으로 4장에서는 전체적인 시각에서 동기 이론의 연대기적 설명과 더불어 시대의 흐름에 따라 동기 이론들의 서로 어우러짐이 어떻게 진행되었고 또 되어가고 있는지 변화 흐름에 대하여 설명한다.

그림 1 ┃ 본 書의 구성

동기 관련 이론들(2장)

내재적 동기	외재적 동기	인지적 동기
① 욕구이론	① 과학적관리	① 사회적학습이론
② 2요인이론	② 기대이론	② 목표설정이론
③ 직무특성이론	③ 공정성이론	③ 시그널링이론
④ 인지적평가이론	④ 대리인이론	
⑤ 자기결정이론		

21세기 핵심 화두: 창의성 관리와 동기 이론들(3장)

이론들의 성장사 및 이론 간 어우러짐의 변화사(4장)

마지막으로 앞으로의 동기 연구들이 고려해야 할 신세대 가치관의 특성을 살펴보며 MZ세대를 이해하고 이들을 동기부여하기 위한 동기 연구의 필요성을 제기하였다.

동기
관련
논의들

2장

동기 관련 논의들

1
동기와 동기 이론들의 포지셔닝

본 저서에서는 12개의 이론들에 대하여 다룬다. 그 중에서 하나는 고전적인 관리이론이며, 9개는 심리학에 기반한 이론들이고, 2개는 경제학에 기반한 이론들이다. 기본적인 시각이 상이한 이 이론들을 하나의 그림에 담는다는 것은 자칫 위험한 시도일 수 있겠지만, 전체적인 그림을 갖고 시작하는 것은 그 이점이 매우 크다고 생각한다. 각 이론들이 강조하는 동기 요소들이 행동에 미치는 영향 정도 및 시점을 고려하여 포지셔닝해보면 〈그림 2〉와 같다.

〈그림 2〉를 설명하자면, 우선 행동이라는 변수가 우리의 궁극적인 관심사인 결과변수이다. 이러한 행동에 영향을 주는 요소들은 크게 여섯 가지로 나뉜다. ① 욕구와 같이 타고나는 특성, ② 기대감, 도구성이나 자기효능감, ③ 정보에 기반한 추론, ④ 목표, ⑤ 보상, 그리고 ⑥ 만족감이다. 이러한 각 동기 요소들의 효과를 분석하는 이론들이 존재한다. 이 그림은 단순한 추론에 의해서 구성된 것이 아니고 백년 동안 이루어진 수많은 연구 결과들을 종합하여 전반저으로 정리한 내용이다(물론, 모든 연구들이 동일한 결과를 제시하지는 않기 때문에 개별적으로는 예외적인 결과들도 존재할 수 있다). 그림에서 사각형 표시된 것들이 동기 요소인데, 사각형들

끼리의 관계는 의미가 없고 각각의 사각형 요소가 행동이라는 결과변수
와 갖는 관계에만 신경써서 그림을 해석하여야 한다. 즉, 욕구가 행동에
미치는 효과를 설명하는 이론이 욕구이론이며 목표가 행동에 미치는 효
과를 설명하는 이론이 목표설정이론이다.

그림 2 ┃ 동기 이론들의 포지셔닝

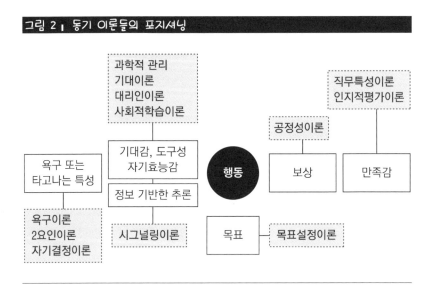

〈그림 2〉는 단순히 많은 이론들을 열거한 데에 그치지 않고 두 가
지의 중요한 시사점을 제공한다. 첫째, 어떤 동기 요소들은 행동의 앞에
위치하고 어떤 요소들은 행동과 동시에, 어떤 요소들은 행동 뒤에 위치
한다. 이는 발생 순서를 나타낸다고 보면 좋다. 즉, 욕구나 기대감, 자기
효능감은 행동 발생 이전에 존재하여 행동에 영향을 미치는 반면, 보상
이나 만족감은 행동 이후에 발생한 뒤 다시 행동에 영향을 주게 된다.
그렇게 보면 목표의 효과는 행동 발생과 더불어, 즉 행동을 보이면서 발
생하는 효과라는 것을 알게 된다.

두 번째 측면은 어느 요소들은 행동과 가까이 붙어있고 어느 요소
들은 행동에서 멀리 있다는 점이다. 이는 매우 중요한 포인트인데, '행동

에 붙어있는 요소들은 즉각적인 효과가 있다. 즉 행동에 근접한 동기 요소들이 작동되면 바로 행동의 변화가 발생한다. 이때 상황적인 변수들, 즉 개인차나 업무적인 차이 또는 문화 차이가 행동에 큰 영향을 주지 않는다. 즉 한국 직장인들을 대상으로 하건, 미국 직장인들을 대상으로 하건, 생산직 근로자를 대상으로 하건, 사무직 근로자를 대상으로 하건 큰 차이를 보이지 않고 보편적이고 일관적인 결과가 나타나는 요소들이다. 기대감, 자기효능감, 목표, 보상의 효과가 그러하다는 뜻이다. 한편 멀리 있는 요소들은 새로 형성되어 그 효과가 발휘되기까지 시간이 걸린다. 언뜻 생각하기에는 효과가 발생하기까지 시간이 걸리는 동기 요소들보다 즉각적인 효과를 가지는 동기 요소들이 관리적인 시사점이 훨씬 크다는 생각이 들 수 있겠지만 그렇지는 않다. 즉각적인 효과를 발생시키는 요인들은 효과가 단명하는 반면, 발생하기까지 시간이 걸리는 요소들은 일단 발생하면 그 효과가 더 오랜 기간 지속된다고 볼 수 있기 때문이다. 따라서 관리적 목적에 따라서 그 가치가 다르다고 볼 수 있다. 또한 멀리 있는 요소들은 개인적인, 그리고 문화적인 차이로 인해서 효과가 달리 나타날 수 있다는 지적이 상대적으로 많다는 점도 유의해야 한다. 따라서 기대이론, 공정성이론('외재적 동기' 이론들)이나 사회적 학습이론, 목표설정이론, 시그널링이론('인지적 동기' 이론들)을 논의할 때는 개인차나 문화적인 차이를 크게 고려하지 않아도 되지만, 욕구이론, 2요인이론, 자기결정이론, 직무특성이론, 인지적평가이론('마음을 움직이는 내재적 동기' 이론들)을 논의할 때는 이론들의 주장이 개인마다, 그리고 문화적으로 차이가 있을 수 있다는 비판을 염두에 두어야 할 것이다.

동기 이론들의 세 가지 접근

가. 마음을 움직이는 (내재적) 동기

'마음을 움직이는 동기'는 내재적 동기(intrinsic motivation)라고 불린다. 마음을 움직이는 동기는 단적으로 설명하자면 지금 자신이 하는 일에 진심으로 빠져들어 작업에 몰두하는 현상을 의미한다. 그런데, 주의할 점은 작업자의 마음을 움직이는 일들이 정해져 있는 것이 아니라는 것이다. 즉, 어떤 일은 그 자체가 흥미롭고 또 어떤 일은 그 자체로 재미가 있을 수 없다고 단언하기보다는 "작업자가 직무와 어떤 관계를 형성하는가?"나 "직무가 작업자에게 어떻게 다가오는가?" 같은 심리적 측면이 중요하다. 예를 들어, 많은 청소년이 유튜브를 보거나 컴퓨터게임에 몰두할 때는 외부적 보상이 전혀 주어지지 않더라도 행복감을 느끼며 몰두하게 된다. 하지만 똑같은 게임을 하더라도 게임에서 올린 성적을 주기적으로 평가받으면서 점수 경쟁을 벌여야 하는 상황에 처한다면, 학생들 입장에서는 그런 게임도 국어, 영어, 수학처럼 스트레스를 안겨주는 고달픈 작업이 될 수 있는 것이다. 따라서 게임이라는 활동 자체가 항상 마음을 움직이는 것이 아니라, 게임에 임하는 자세나 게임 관련 요소들이 나에게 어떻게 다가오는가와 같은 점들이 마음을 움직이게 하는 요인이다. 그런 점을 염두에 두고 직무를 관리할 경우 직장인들의 직무도 청소년들이 놀이로서 게임을 대할 때 갖는 마음가짐과 마찬가지로 설렘의 대상이 될 수 있다.

내재적 동기는 일 자체에서 비롯된다. 일을 하면서 느끼는 자율성, 책임감, 열정, 집중력 등의 요소들이 작업자의 마음을 움직여 일에 몰두하게 만드는 것이다. 즉, 어떤 과업이 작업자의 마음에 와 닿을 때 더욱더 열심히 일하게 된다는 논리다. 많은 학자들이 마음을 움직이는 동기만이 진정한 동기라고 주장하면서, 바로 그런 동기야말로 업무 성과는 물론 지속적인 학습과 창의적인 행동을 유발하는 강력한 기제라는 연구 결과를 지속적으로 내놓고 있다. 그런데, 내재적 동기의 핵심적인 요소나 작동 원리에 대한 주장은 학자들에 따라 조금씩 차이가 있고, 그 결과 내재적 동기를 설명하는 다양한 이론이 제시되었다. 이번 장에서는 마음을 움직이는 동기를 강조하는 대표적인 동기이론들을 소개하고 업무의 어떤 측면에 마음을 움직이는 효과가 있는지를 살펴보고자 한다.

(1) '욕구'의 충족

■1 배경

동기를 다룬 가장 고전적인 이론은 Abraham Maslow가 내놓은 욕구이론(needs theory), 또는 욕구단계이론(hierarchy of needs theory)이다. 1908년에 뉴욕에서 태어나 뉴욕시티칼리지(City College of New York)를 졸업한 Maslow는 1928년에 위스콘신대학(University of Wisconsin) 대학원에 진학하면서 학문적 기반을 쌓아나갔다. 심리학의 실용성과 사회적 활용 가치에 매료된 Maslow는 심리학 분야에서 '세상을 변화시키고자 하는' 비전을 품고 활발한 활동을 전개했다고 한다(Hoffman, 2011). 이러한 열망을 담아 Maslow는 1954년에 대표적 저서 『동기와 성격(Motivation and Personality)』을 출판하면서 큰 반향을 일으켰다.

■2 욕구의 특성과 행동 예측성

Maslow는 단순히 가시적인 행동으로만 표현되는 차원을 넘어선 인간의 총체적인 모습에 관심을 가졌고, 인간의 내면에 대해 통찰하게 되었다. 그런 까닭에 그의 저서에는 유기체적 인간(human organism)이라는 표현이 자주 등장한다. Maslow가 보기에 인간은 변화하는 유기체다. 따라서 인간이 품은 여러 욕구는 서로 단절적인 상태로 존재하는 것이 아니라 서로 연결돼 있으며 인간이 취하는 행동 양상은 그 욕구들이 발현하는 상황에 따라 변화한다. 즉, 욕구가 행동을 낳는 원인인 것은 맞지만, 특정 욕구가 발현하느냐 여부는 다른 상황적 요소에, 즉 다른 욕구의 만족 여부에 달려있다는 것이 Maslow의 주장이다(Maslow, 1943).

욕구이론의 핵심적인 주장은 두 가지로 요약할 수 있다. 첫째, 욕구들은 위계적 구조를 갖는다. 인간은 다양한 욕구를 갖고 있지만 이 욕구들은 무작위적으로 또는 임의적으로 산재해 있는 것이 아니라 계단식의 위계적 구조를 이루고 있다. Maslow는 욕구를 다섯 개의 단계로 구분했다. Maslow가 구분한 욕구의 첫 단계는 생리적 욕구(physiological needs)로, 생존을 유지하는 데 필수적인 요소인 물과 음식, 공기를 필요로 하는 욕구다. 두 번째 단계의 욕구는 안전 욕구(safety needs)로, 심리적·육체적 안전을 추구하는 욕구를 의미한다. 질병이나 굶주림에서 안전하기를 원하거나 밤이 되면 귀소본능을 느끼는 욕구, 그리고 갑자기 비가 쏟아지면 처마 밑으로 자연스럽게 몸을 피할 때 발동되는 욕구가 안전 욕구에 해당한다. 위험한 기계를 다뤄야 하는 작업자에게 적절한 기계 사용방식에 대한 교육을 제공하는 것도 그들의 안전 욕구를 충족시키는 효과를 갖는다(Benson & Dundis, 2003). 세 번째 단계의 욕구는 애정 또는 소속 욕구(love needs)인데, 이성 간의 애정을 비롯한, 인간적인 관계를 맺고 소속감을 느끼고자 하는 욕구를 의미한다. 네 번째 단계의 욕구인 자기존중감 욕구(esteem needs)는 다른 사람들로부터 인정을 받고자 하는 욕구이고, 마지막 다섯 번째 단계의 욕구는 자아실현 욕구(needs for self-actualization)다.

상위레벨의 욕구로 평가되는 자기존중감 욕구와 자아실현 욕구는 조금 깊이 살펴볼 필요가 있다. 자기존중감 욕구는 두 요소로 구성되어 있는데, 첫째는 권한과 자신감, 독립심 같은 측면으로, 자신이 쓸모 있는 존재라는 것을 세상으로부터 당당히 인정받는 것을 의미한다. 둘째는 타인으로부터 받는 평판을 인지하는 것으로, 다른 사람들로부터 좋은 평가를 받고자 하는 측면의 욕구를 의미한다. 마지막 단계인 자기실현 욕구는 단언하자면, 자신에게 잘 맞는 일을 하고자 하는 욕구다. 즉,

음악가는 연주를 하고 화가는 그림을 그리고 시인은 시를 쓰는 것 같이 자신의 재능과 욕구에 어울리는 일을 수행할 때 궁극적인 행복이 찾아온다는 것이 자아실현 욕구와 관련된 시사점이다.

　욕구이론의 또 다른 핵심적인 주장은 욕구가 행동 변화를 야기한다는 주장이다. 즉, 욕구는 욕구를 충족시키기 위한 행동의 변화를 일으키는데, 그 결과로 어떤 욕구가 일단 충족되고 나면 그 욕구는 더 이상 행동의 원인이 되지 못한다(Maslow, 1954). 따라서 욕구이론에 따를 경우, 어떤 사람의 욕구 충족 또는 불충족 상태를 알 수 있으면 그 사람이 보일 행동의 변화를 예측하는 것이 가능하다. 예를 들어, 배고픔의 욕구를 인지하는 구성원은 음식을 구매하거나 허기를 채우기 위한 여러 행동을 할 것이라고 예측할 수 있다.

　욕구를 충족시키려는 행동은 무작위적으로 행해지는 것이 아니라 단계를 따라 행해진다. Maslow(1943)에 따르면, "극한의 상황에서, 즉 모든 것이 박탈된 상태에서 인간에게 동기를 부여하는 가장 대표적인 요소는 생리적인 욕구다. 음식과 안전감, 애정, 존중감이 모두 결핍된 사람이 있다면, 그 사람은 다른 어떤 것보다도 음식에 목을 매달 것이다." 욕구의 결핍이 일으키는 효과는 매우 강력하기 때문에 인간의 세계관에 강한 영향을 미치는데, Maslow가 제시한 사례에서는, 즉 모든 것이 결핍된 경우에는 삶의 모든 것이 음식으로 귀결된다. 그런데, 배고픔에서 비롯된 욕구가 충족되고 나면 배를 채우려는 욕구는 더 이상 행동의 원인이 되지 못하고, 그 다음 레벨의 욕구, 즉 안전 욕구가 행동을 야기하게 된다. 특정 욕구가 충족되면 그 요소는 행동의 원인으로서 의미를 상실하고, 그보다 상위 레벨에 있는 욕구가 작동되는 것이다. 즉, 생리적 욕구가 충족된 이후에는 두 번째 단계의 욕구인 안전 욕구가 행동을 야기하고, 이 욕구가 충족된 후에는 세 번째 단계의 욕구인 애정 욕구가 행동의 원인이 된다. 욕구이론을 따른다면 이런 규칙에 따라 인간의 행동을 예측하는 것이 가능하다.

■3 비판적 시각들

욕구이론이 인간 행동의 원인으로서 욕구를 탐구한 점은 설득력이 매우 크다. 그렇지만 고전적인 이론으로서 욕구이론이 가진 제일 큰 문제점은 이 이론이 주장하는 바를 객관적인 자료를 통해 입증하는 것이 불가능하다는 것이다. Maslow의 이론이 심리학의 태동기에 인간의 행동 및 동기에 대한 이론으로서 큰 반향을 일으켰음에도, 이후 학자들은 욕구이론의 이런 문제점을 지적하면서 상반된 견해나 비판적인 시각을 내놓았다.

욕구이론을 비판하는 주장 몇 가지를 살펴보면, 주로 제기된 비판은 5개 욕구단계의 검증에, 그리고 그 욕구 단계들 사이의 위계적인 관계에 집중된다. 다양한 욕구를 설문조사한 데이터를 요인분석 방법으로 분석해본 결과, 욕구들이 Maslow가 주장하는 방식으로 나타나지 않기 때문에 Maslow의 욕구 개념은 개념적으로 모호하다거나 여러 욕구들끼리 사실은 서로 중첩된다는 것 같은 이슈가 지적된 것도 그런 비판에 속한다(Mitchell & Moudgill, 1976). 이와 관련하여, 욕구가 중요하다는 것을 인정하는 연구자들도 핵심적인 욕구의 단계 수가 몇 개인지에 대한 논쟁을 벌이기도 했다. 욕구의 단계는 Maslow가 주장하는 것처럼 다섯 개가 아니라 세 개 정도라는 지적도 있는데, Mathes(2006)는 실증 연구를 통해 안전 욕구와 자기존중감 욕구를 배제하고 생리적 욕구와 소속 욕구, 자기실현 욕구만이 존재한다고 주장했다.

현실에서 욕구의 위계성을 행동의 원인으로 간주하는 것에 대한 이견도 있다. "개인의 욕구의 위계적인 변화보다는 조직에서 위계적인 차이가 중요한 변수"라는 지적이 그런 사례다. 가령, 고직급자들은 경력의 성취와 자기실현에 큰 관심을 갖는 반면, 낮은 직급의 감독관들은 안정과 소득 수준에 보다 큰 관심을 갖는다는 내용의 연구들이 그런 사례인데(Centers, 1948; Morse & Weiss, 1955; Pellegrin & Coates, 1957; Porter, 1963; Veroff, Atkinson, Feld, and Gurin, 1960), 이런 차이를 욕구이론에서 주장하는 것처럼 하위 레벨의 욕구가 만족되었기 때문에 동기효과가 사라졌다는 결과로 간주하기보다는 고위직이라는 조직 안에서의 위치 때문에 발생하는 결과, 즉 고직급자가 되면서 도드라지게 부각되는 행동으로 봐야 한다는 것이다(Hall & Nougaim, 1968).

　이런 시각을 확대해보면, 욕구가 발현되는 정도의 차이는 개인적인 차이를 넘어 산업적으로나 문화적인 요인에 의한 것이라는 지적도 가능하다(Rahman & Nurullah, 2014). 특히 1980-90년대 매니지먼트 연구의 커다란 흐름이었던 비교문화적인 시각에서 본다면, Maslow의 주장은 기껏해야 미국적인 환경, 즉 개인주의적이고 남성적인 문화에서만 적절한 것이며 집단주의적인 문화에서는 적절하지 않다는 설명이다. Hofstede(1980)는 집단주의(collectivism)를 집단 구성원들이 상호 신뢰적인 교환관계 속에서 갖는 긴밀한 사회적 준거틀(frame of reference)이나 유대감을 중시하는 문화적 가치로 설명하는데, 이런 문화에서는 특히 문화적으로 중시되는 욕구가 있을 수 있다. 예를 들어, Gambrel과 Cianci(2003)의 연구는 중국처럼 집단주의적인 문화에서는 가장 기본이 되는 욕구가 소속 욕구인 반면 자기존중감 욕구는 그다지 중요하지 않다고 지적한다. 이렇게 보면 개인의 자아실현 욕구라는 것 자체가 개인의 가치나 선호도를 중시하는 일부 개인주의적 문화권에 속한 국가들에만 존재하는 개념일 수도 있다. 물론 이러한 시각은 문화가 변화하지 않는다는 전제에 기반한 것이다. 가령, 한국의 문화가 밀레니얼 세대라고 불리는 신세대들에게도 여전히 집단주의적인지에 대해서는 이견이 있을 수 있다. 요즘 우리의 신세대들을 보면 집단주의적 가치보다는 자아실현과 같은 개인적인 가치가 더 중요하게 부각되는 듯 하기도 하다.

　마지막으로 환경 요소의 중요성 측면에서도 비판이 가능하다. 행동의 원인변수로 개인의 특성이나 기질적인 요소에 초점을 둘 것인지, 아니면 환경적 요소에 초점을 둘 것인지의 주제에 대하여 개인-상황 논쟁(Person-Situation Debates)이 조직행동 분야에서는 오랜 시간 동안 화두였다. 이 시각의 욕구이론은 사람의 내면적인 또는 타고나는 욕구가 행동의 원인이 된다는 점에서 'Person' 쪽 시각을 의미한다. 따라서 욕구이론이 개인들이 처한 사회적인 맥락이나 환경에서 개인들이 어떤 정보를 어떻게 인지하느냐에 따라서 그들의 태도나 행동이 변화하는 면을 간과하였다는(즉, 'Situation'적 시각에서) 비판을 받는다(Salancik & Pfeffer, 1978). 상황적 시각에 따르면, 결국 개인의 욕구나 태도와 같은 것들이 타고나는 것이라기보다는 주어진 환경에서 정보들을 인지해가면서 형성해가는 것이라 환경에 적응하고 변화해가는 개인의 모습이 욕구이론에는 결핍되어 있다는 비판이다.

■4 욕구의 '변화적 특성'은 시사점이 크다!

욕구이론 자체의 타당성에 대한 비판은 많이 존재하지만, 그럼에도 불구하고 욕구이론은 여전히 영향력 있는 이론이다. 무엇보다도, 욕구라는 개념이 충족 여부에 따라 행동의 원인으로서 영향력을 발휘한다는 관점은 개인의 행동을 탐구하는 연구에 주는 시사점이 크다. 즉, 행동에 도드라지는 영향을 주는 욕구들이 상황에 따라 변화할 수 있다는 점(Kanfer & Chen, 2016)은 개인의 행동을 설명하는 데에 여전히 큰 힘을 갖는다. 이 시각은 욕구 같은 심리상태는 잘 변화하는 특성(malleable)이 있기 때문에 개인의 경험이나 현재 놓인 상황의 영향을 많이 받는다고 본다. 따라서 개인이 처한 상황이나 겪은 경험의 결과로 형성되는 욕구에 대한 분석을 통해 개인이 취하는 행동의 변화를 예측하고 이해할 수 있다는 것이다.

이런 측면의 연구의 예로 이 책의 저자들이 수행했던 이주근로자에 대한 연구가 있다(Chang et al., 2020). 국내 중소기업들의 인력난을 해소하고자 고용허가제를 2004년에 도입한 이후로 16개국의 이주근로자들이 국내로 유입되고 있다. 이들의 다수가 저임금으로 3D(Dirty, Difficult, Dangerous) 업무를 수행하고 있기 때문에 이들과 관련된 연구는 주로 저임금과 관련된 분야에 맞춰져 있었다. 그런데 이들에 대한 2010년과 2013년의 데이터를 비교 분석한 결과, 최저임금이 인상되고 이주 관련 법과 제도가 정착되면서 고용 관계가 개선되는 등 경제적 측면이 점차 향상되어감에 따라 이들의 핵심 관심사가 경제적 요소에서 사회적 관계(즉, 공정성이나 갈등)로 변화해갔다는 것이 이 연구의 결론이었다. 즉, 고용 상황의 변화에 따라 근로자들의 핵심적인 욕구도 변화한 것이다.

■5 풍부한 관리적 시사점

Maslow의 욕구이론은 고전적인 이론이지만 이 이론이 기업 경영에 주는 시사점은 크다. 우선 그가 주장하는 인간관을 생각해볼 필요가 있다. Maslow의 인간관에 대해서는 상반된 시각이 존재하는데, 비판가들은 주로 Maslow가 개인 또는 개인의 내면에만 초점을 맞췄다는 사실에 비판적 시각을 견지한다. 인간을 단순하고 개인화된 존재로 여기는 그의 인간관에 대한 비판도 존재한다(Acevedo, 2018).

그러나 Maslow를 긍정적으로 평가하는 학자들은 "내가 생각하는 자기실현적인 인간은 뭔가 특출한 인간이 아니라 아무것도 박탈되지 않은 평범한 인간이다"라는 Maslow의 믿음을 중시한다. 이러한 믿음을 행복과 용기, 희망, 낙관, 책임감 같은 주제에 초점을 맞추는 최근의 긍정심리학의 시발점으로 평가하기도 한다(Goud, 2008; Hoffman, 2011). Maslow는 '심리적으로 건강한' 존재를 중시했는데, 그러한 존재는 하위 레벨의 욕구인 생리적 욕구나 안전 욕구에서 동기를 부여받기보다는 자신이 원하는, 의미 있다고 생각하는 활동을 하는 것에서 만족감을 느끼는 존재이다. 이런 점에서 요즘 경영의 화두인 내재적 동기이론의 핵심 요소인 '의미있는 일을 하고 있다는 느낌(sense of meaningfulness)'이라는 개념은 Maslow의 욕구이론에서 비롯되었다고 해도 과언이 아닐 것이다.

이런 측면에서 보면, "Maslow의 이론에서 가장 강조하는 욕구는 무엇일까?" 또는 "경영학이나 관리자들에게 가장 큰 시사점을 제공하는 욕구는 어느 것일까?"라는 질문을 던질 수 있는데, 이에 대한 답은 명확하다. 생존을 위한 근본적인 욕구인 생리적 욕구가 중요한 건 당연하다. 생존이 위협받는 상황에서는 다른 것이 하나도 의미가 없기 때문이다. 하지만, Maslow가 자신이 품은 인간관을 바탕으로 주장하는 바는 이러한 하위 레벨의 욕구로 직장인들에게 동기를 부여하자는 것이 아니다. 그보다는 근본적으로 의미 있고 하고 싶은 일을 할 수 있는, 즉 자기실현적인 욕구가 충족될 수 있는 방향으로 관리의 지향점을 잡아야 한다는 것이다.

따라서 욕구이론이 갖는 경영학적인 시사점은 '자아실현 욕구'의 중요성에 있다. 우리는 자아실현이라는 단어를 매우 추상적으로 간주할 것이 아니라, 개인들이 하기를 원하고 흥미롭게 생각하는 일을 할 수 있게 관리하는 것이 중요하다는 Maslow의 설명에 충실할 필요가 있다. Maslow는 직장인들이 하위 레벨의 욕구, 즉 생리적 욕구를 충족하기 어려운 여건에서 벗어나 이미 상위 레벨의 욕구를 충족시키려는 단계로 진입하고 있는데도 조직들은 여전히 하위 단계의 욕구에만 초점을 맞추는 문제점이 있다고 비판했다. Maslow의 이런 비판은 요즘의 조직 관리에도 그대로 적용할 수 있다. 즉, 구성원들을 관리할 때도 이미 충족된 욕구보다는 그보다 상위 단계의 욕구에 주안점을 두는 관리가 필요한 것이다. 그렇게 하기 위해서는 임금이나 고용안정만을 강조할 것이 아니라 서로를 존중하는 과정을 거치면서 의사결정을 스스로 할 수 있도록 책임감을 부여하는 관리 방식으로 전환할 필요가 있다.

조금 구체적으로 안전욕구와 관련한 관리적 시사점도 짚어볼 수 있다. Maslow는 안전 욕구와 관련된 흥미로운 지적을 한다. 그는 어린이의 경우를 예로 들면서 아이들이 익숙한 장난감을 갖고 놀거나 기존에 해오던 방식의 놀이를 계속하는 것을 선호하는 것도 안전 욕구의 일환이라고 주장한다. 이 관점은 변화를 추구하는 요즘의 기업들에게 시사하는 바가 크다. 지금까지의 업무 내용이나 방식에 익숙해진 구성원들은 조직이 업무를 대대적으로 변화시키려 할 때 안전감에 위협을 느낄 수도 있기 때문이다. 구성원들이 일단 안전에 위협을 느끼면, 소위 상위 레벨의 욕구인 업무의 의미감이나 책임감은 아무런 의미가 없다. 충족되지 않은 안전 욕구가 행동의 원인이 되기 때문이다. 따라서 변화와 혁신을 시도하는 기업들은 변화의 내용이나 변화에 따른 결과에만 신경을 쓸 것이 아니라, 이런 변화가 야기할지도 모르는 구성원들의 안전 욕구 결핍에 우선적으로 신경을 써야 한다는 것이 Maslow 이론이 제공하는 시사점이다. 이러한 점은 불확실성이 증가하는 요즘 기업 경영에 있어서 중요한 시사점을 제공한다. 여러 학자들이 향후 구성원들 간의 공간적인 거리감이 증가할 것이며 조직과의 연결성도 느슨해져 조직에 대한 몰입감이나 동질감이 감소하는 등, 구성원들의 불안감이 증가할 것이라고 예측한다(Ashforth, 2020; Kniffin et al., 2021; Spicer, 2020). 따라서, 긍정적이던 부정적이던 변화를 당면한 구성원들 관리에 있어서 조직들은 우선적으로 안전 욕구나 소속 욕구를 점검해보는 것이 필요한 시점이다.

　　Maslow는 자아실현 욕구를 충족시키는 것이 개인과 사회 모두에 도움이 될 것이라고 봤다(Mitchell & Moudgill, 1976). 하지만, 그런 주장을 하는 한편에서는 그런 개인이 현실에는 그리 많이 존재하지 않는다는 점에서 회의적인 모습도 보였다. "자아실현 욕구가 충족된 사람들만을 궁극적인 만족감을 느끼는 사람들이라고 볼 수 있지만… 현실적으로 그런 사람들은 보기 드문 예외적인 존재이기 때문에, 사실 이 욕구에 대해 많은 것을 알고 있지 않다."(383쪽) 하지만 21세기를 살아가는 우리에게는 다행스럽게도, Maslow의 이런 회의적인 태도가 우리 사회에 치명적이지는 않는 듯하다. Maslow가 활동했던 20세기 중반은 아직까지도 단순 반복적인 업무가 많고 효율성을 추구하는 관리 방식이 팽배한 시대였던 반면, 세기가 바뀐 지금은 생활 방식이나 작업 방식이 많이 달라졌고 자기가 원하는 일을 선택할 수 있는 가능성이 Maslow의 시대보다 늘어났다고 볼 수 있기 때문이다.

　　21세기 경영의 키워드는 변화와 혁신이다. 많은 기업들이 효율성의 원칙에 기초한 관리 방식에서 벗어나 창의적이고 학습하는 기업문화를 강조하고 있는데, 이런 경향이 구성원들이 느끼는 일에 대한 즐거움(또는 내재적 동기)과 연동될 가능성도 충분히 있다. Maslow가 강조했던 자신에게 적합한 일을, 즉 자아실현 욕구를 추구하는 일을 선택하고 관리하는 것이 이제는 불가능한 상황은 아니게 된 것이다. 이런 시대적 상황을 감안하면, 직원들이 흥미롭고 도전적인 업무를 통해 자신의 강점을 극대화할 수 있을 때에야 비로소 성과와 혁신이 이루어진다는 Maslow의 믿음을 긍정적으로 평가한 Hoffmann(2011)의 주장은 깊이 공감할 수 있는 내용이다.

■6 정리

종합해보면 Maslow의 욕구이론은 탁월한 통찰력이 반영된 이론으로 폭넓은 공감대를 형성한 이론이지만, 반복 실험이나 설문 조사를 통해 계량적으로 입증하는 것이 거의 불가능하다는 치명적인 단점을 가진 이론이기도 하다. 욕구이론이 나온 이후로 실험실 실험 및 데이터 분석 기법 등의 학문적 발달이 이뤄짐에 따라 동기부여 이론들이 성장을 거듭하는 한편으로 '입증 가능성(verifiability)'이 동기이론의 평가에 있어 아주 중요한 지표로 작용하고 있기 때문에, 고전이론으로서의 욕구이론은 객관적인 이론이라는 평가는 받지 못하고 있다. 그러나 이런 약점이 있다고 해서 욕구이론이 동기이론에 기여한 공로와 많은 의미 있는 시사점을 간과해서는 안 될 것이다.

(2) 직무 요소를 통한 만족감[1]

■1 배경

욕구이론은 학계에 큰 반향을 일으켰지만, 동시에 철학적인 접근과 방법론적 측면에서 많은 비판을 받았다. 그러면서 그에 대한 일종의 대안적 접근으로 등장한 것이 Frederick Herzberg의 2요인이론(two-factor theory)이다(Brenner et al., 1971). Herzberg는 만족과 동기를 바라보는 새로운 시각을 제공한다. Herzberg와 동료들이 집필해서 1959년에 발표한 『The Motivation to Work』는 발표 이후 매우 큰 영향력을 미쳤고, 1987년에 출판된 *Harvard Business Review*는 이 이론의 의의를 다시 한 번 강조하면서, 직무충실화를 이 이론의 실행을 위한 가이드라인으로

---

1 장은미(2003). "이요인이론의 경영학적 재해석" *HR Professional*. 2. 62~67쪽의 글을 포함함.

제시했다. 2요인이론은 20세기 초반에 출현한 과학적 관리 및 산업공학의 핵심 이슈였던 업무 분담에 기초한 효율성 제고 원칙을 강하게 비판하면서, 업무의 단순화에서 벗어나 오히려 업무를 충실화(enrichment)해야 한다고 주장한다(Oldman & Hackman, 2010)는 점에서 큰 의의를 갖는다.

■2 만족감에 대한 새로운 시각

❝ 나에게는 슈나우저(Schnauzer) 견종 강아지가 있다. 나는 이 강아지를 움직이게 하고 싶으면 엉덩이를 한번 차기만 하면 됐다. 그러면 강아지가 움직였다… 이 경우에 동기를 부여받은(motivated) 쪽은 어느 쪽인가? 움직인 강아지가 아니라 강아지를 움직이게 만들고 싶어 했던 내가 동기를 부여받은 것이다… 강아지용 비스킷을 들고 강아지를 보내고 싶은 방향으로 던지면 강아지는 그걸 쫓아 간다. 이 경우에 동기를 부여받은 쪽은 어느 쪽인가? 비스킷을 따라가는 것은 강아지이지만, 그런 움직임을 원했던 것은 나의 동기이다… 이런 방식을 활용하고자 하는 관리자는 수많은 유형의 비스킷을 준비해두고는 직원들을 이동시키고 싶은 방향으로 반복적으로 던져줘야 할 것이다(Herzberg, 1968, 54쪽). ❞

이 글은 Herzberg가 동기(motivation)와 움직임(movement)의 차이를 설명하기 위해 제시한 설명이다. 그의 주장에 따르면, 슈나우저 강아지는 동기를 부여받은 것이 아니라 움직여진 것이다. 이 설명을 기업 경영에 응용해보자. 기업이 직원에게 부여하는 인센티브가 강한 경우, 자칫 잘못하면 직원들은 동기를 부여받는 것이 아니라, 슈나우저처럼 회사가 시키는 방향으로 움직임만 취할 수도 있다. 그러면 비스킷이 제공되지 않는다면 움직임도 사라지고 만다.

물론, Herzberg의 인간관이 직원을 강아지 수준으로 보는 시각인 건 아니다. 그 반대로, 그는 "직원들을 움직이는 진정한 동기는 무엇인가? 그 동기는 어디에서 비롯되는가?"라는 질문에 대해 진지하게 고민했고, 그 고민의 결과로 임금과 복지제도, 인간관계 같은 요소들이 동기의 원천은 아니라는 결론을 내린 것이다. Herzberg가 보기에, 임금 같은 요소에는 동기부여 효과가 있다고 하더라도 매우 단기적인 효과만 발휘할 터였다. 만약 임금 인상이 동기부여의 요소가 되더라도, 그 효과는 임금 인상이 이루어지는 시점까지만 미칠 뿐이다(Herzberg, 1968). Herzberg에게 동기란 내면에 있는, 전기가 흘러나오는 배터리와 비슷한 것을 의미했다(Bassett-Jones & Lloyd, 2005). 그러한 전기가 흘러나와야 동기부여되는 것이다.

　　2요인이론은 만족-불만족에 대해 논의하는 진일보한 시각이다. 〈그림 3〉은 구성원들의 만족과 불만족의 관계를 바라보는 이전의 관점과 2요인이론을 대비해서 보여준다(Bockman, 1971). 2요인이론이 대두되기 이전에는 만족과 불만족이 단일선상에 놓여 있었다. 만족의 반대는 불만족이고, 불만족의 반대는 만족이라고 생각한 것이다. 하지만 Herzberg는 이런 단편적인 논의의 틀을 깨버리면서, 만족(satisfaction)과 불만족(dissatisfaction)은 상호 독립적인 요소라고 주장한다. 그의 주장에 따르면, 불만족의 반대는 만족이 아니라 불만족 없음(no dissatisfaction)이고, 만족의 반대는 불만족이 아니라 만족 없음(no satisfaction)이다.

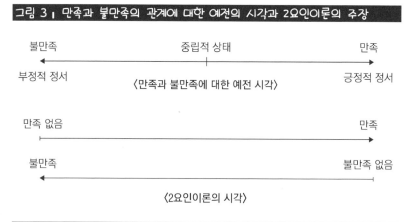

그림 3 ㅣ 만족과 불만족의 관계에 대한 예전의 시각과 2요인이론의 주장

출처: Bockman, V. (1971) The Herzberg controversy. *Personnel Psychology*. 24. 156, 160쪽.

■3 두 가지 요인들

만족과 불만족은 상호 독립적이기 때문에 각각의 상태에 영향을 미치는 요소들도 상이하다(Bockman, 1971; Brenner et al., 1971). 〈그림 4〉는 만족과 불만족에 각각 영향을 미치는 요인을 정리한 것이다.

그림 4 ┃ 만족 및 불만족에 영향을 미치는 요인

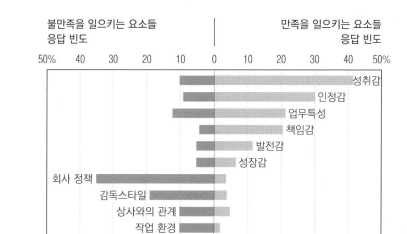

출처: Herzberg, F. (1987). One more time: How do you motivate employees? *Harvard Business Review.* 8쪽.

불만족에 영향을 미치는 요소들은 회사의 정책, 작업환경, 상사/동료/부하 직원들과의 대인관계, 임금, 고용 안정 등인데, 이 요소들은 욕구이론의 하위 레벨에 속하는 욕구, 즉 생리적 욕구와 안전 욕구, 애정 욕구에 속하는 요소들이다(Dartey-Baah & Amoako, 2011). 2요인이론은 이 요소들을 위생요인(hygiene factors)이라 정의한다. 한편, 동기를 부여하는 요소들인 동기요인(motivators)은 업무에서 느끼는 성취감, 책임감, 인정받았다는 느낌, 성장했다는 느낌 같은 요인들이다.

위생요인이 결핍되면 불만족을 야기하지만 존재하더라도 만족감을 주지는 않는, 즉 동기부여 효과는 없이 불만족에만 관여하는 요인이다. 반대로 동기요인은 결핍된다고 해서 불만족을 야기하지는 않지만, 존재할 경우에는 만족감을 주는, 즉 동기부여 효과가 있는 요인이다. 따라서 2요인이론은 '일' 또는 '업무'만이 궁극적으로 동기를 부여하는 효과를 갖는다는 이론으로, 내재적 동기의 기반이 되는 이론이다. 2요인이론은 언뜻 보면 복잡해 보이지만, 매우 명쾌한 명제에 기반하고 있다. 즉, 만족과 불만족은 상호 독립적인 요소이므로 관리자도 차별적인 관심을 갖고 두 요소를 대해야 한다는 것이다.

이 이론에 따르면, 불만족을 줄여주는 방식을 택한다고 해도 만족을 증가시키지는 못한다. 나아가 Herzberg의 주장에 따르면 더욱 중요한 점은, 태도를 긍정적으로 변화시키는 면에서 동기요인은 장기적인 변화를 일으키지만, 위생요인은 단지 즉각적이고 단기적인 효과만 발휘한다는 점이다. 동기요인이 작동되기에 앞서 위생요인이 우선적으로 충족되어야 한다거나, 동기요인이 전혀 없는 경우에는 위생요인이 단기간 동안 행동의 원인이 될 수 있다는 지적은 하위레벨의 욕구가 충족되어야 상위레벨의 욕구가 작동된다는 욕구이론과 맥락을 같이한다는 시각도 있다(Bockman, 1971).

■4 동기요인에 대한 강조

2요인이론이 강조하는 요인이 동기요인인 것은 분명하다. 그렇지만, 2요인이론이 임금 같은 위생요인을 폄하한다고 받아들이는 것은 경솔한 해석이다. Herzberg는 다음과 같이 위생요인은 동기부여 효과는 없지만, 그렇다고 무시해도 되는 요소들은 아니라는 점을 강조하고 있다.

❝ '동기요인을 만족시키는 것과 마찬가지로 불만족요인을 제거하는 것도 매우 중요하다.' '직원들은 고용 불안정 같은 외재적 요인의 중요성이 극도로 증가하는 상황에서는 동기요인을 포기하고 위생요인에 집착하는 결과를 빚어낸다.' '위생요인은 인간의 삶에서 위험한 요소들을 제거하는 것과 비슷한 역할을 한다. 치료의 차원이 아니라 예방의 차원인 것이다. 예를 들어, 쓰레기처리와 오염방지 같은 것들은 질병을 치료하지는 않지만, 이것들이 없다면 우리는 보다 많은 질병에 시달리게 될 것이다. 이와 유사하게, 직무 환경에 유해한 요소들이 남아 있다면 직무에 대한 태도가 병들게 되는 것이다.'(Herzberg, 1968, 113쪽) ❞

구성원들이 수행하는 업무의 내용이 동기를 부여하는 요소로 중요하다는 주장 자체는 매우 타당하다. 실제 기업의 구성원들뿐 아니라 학생들의 생활과 만족감에도(DeShields et al., 2005), 행정에 종사하는 구성원들의 직무 만족에도(Hur, 2018), 관광산업에 종사하는 계절근로자의 작업 동기에도(Lundberg et al., 2009) 긍정적인 영향을 미친다는 결과들이 제시되고 있기 때문에, 업무의 내용이 개별 업무의 특성 차원을 넘어서는 상당히 광범위한 영향력을 발휘한다는 것을 알 수 있다.

■5 비판적 시각들

2요인이론은 큰 영향을 미쳤지만, 몇 가지 측면에서 비판을 받기도 한다. 우선, 방법론적 측면에서 가해지는 비판이 있다. Herzberg는 회계사와 엔지니어 200명을 대상으로 인터뷰를 진행하면서 주요사건 기술법(critical incident method)과 내용 분석(content analysis) 방식을 활용했다. 즉, 대상자들로 하여금 자신들이 매우 즐거웠던 순간을 우선 회상해달라고 요청하고는, 그렇게 즐거웠던 이유를 떠올려달라고 요청하고 그런 즐거움을 사라지게 만든 상황들을 회상해달라고 요청했다. 불만족에 대해서도 마찬가지로 회상 방식을 활용했다. 다시 말하면, 만족과 불만족의 원인을 파악하기 위해 인터뷰를 진행하면서, 응답자들에게 직무와 관련된 주요 사건 및 경험을 자유롭게 이야기하도록 한 후, 잘 훈련된 심리학자들이 인터뷰 내용을 분석하여 결론을 도출한 것이다(Brenner et al., 1971). Herzberg는 연구자가 선정한 항목들에 대한 응답을 유도하는 설문조사나 구조화된 인터뷰보다 이런 방식이 훨씬 더 우월하다고 주장하지만, 이 방식은 구성원들의 회상에 의존하기 때문에 그 과정에서 발생하는 여러 오류에서 벗어나기 어렵다.

    2요인이론이 불러온 많은 후속 연구들은 주로 그런 방법론적 결함을 지적하면서 그러한 방식에 기반하여 논의되는 위생요인과 동기부여요인의 독립성이 부적절하다는 점을 지적하는 내용이 주류를 이룬다(Bockman, 1971 for a review). 인터뷰에 참여하는 이들은 주관적이고 방어적인 반응에서 벗어나기 어려운데, 참여자들은 만족감을 자신이 이룬 성취 등의 요소에, 그리고 불만족 요인을 외부 환경적인 요소의 탓으로 돌리면 뭔가 좋은 인상을 줄 수도 있으며 편안함을 느낄 수 있다는 지적이다(Brenner et al., 1971; House & Wigdor, 1967). 결국, Herzberg가 발견한 결과들은 주요 사건 기술법이라는 동일한 방법을 활용하는 경우에는 일관적인 결과를 얻게 되더라도, 다른 방법을 활용하는 경우에는 그 결과를 지지하지 못하게 된다는 점에서 연구방법적으로는 타당성이 결여된다고 볼 수 있다(Behling et al., 1968).

    '만족'과 '불만족'을 서로 독립적인 개념으로 강조한 Herzberg의 주장은 많은 반향을 일으켰지만, 그 자체가 동시에 비판의 대상이 되기도 했다. 그 두 측면이 그렇게 상호 독립적인 역할을 하지 않을 수 있다는 점, 그리고 〈그림 4〉에서 보듯이 Herzberg가 만족을 야기하는 요소라고 주장했던 요소들 중에서 성취감(achievement)이나 인정받는(recognition) 느낌 같은 요소는 오히려 업무 환경이나 상사와의 관계 같은 요소들보다 불만족에 영향을 미치는 경우가 더 많다는 지적 등이다(House & Wigdor, 1967). 또한 '만족'이라는 개념을 지나치게 단순화한 측면도 비판을 받았다. 예를 들어, Herzberg는 위생요인과 동기요인이 구성원들의 실제 만족감과 어떤 관계를 갖는지를 구체적으로 살펴보지 않은 상태에서 동기

요소가 만족감을 의미한다는 단순화된 주장을 한다는 지적이다(House & Wigdor, 1967).

이러한 지적들은 개념적인 측면에서도 매우 중요한 시사점을 갖는다. 즉, 고전이론으로서의 2요인이론이 '만족=동기부여'라는 단순한 명제를 제시하였다는 점은 이후 더 과학적이고 체계적인 방법론을 활용하였던 연구들에 의해서는 비판 받을 여지가 충분하다. 즉, 2요인이론의 '만족'과 '불만족'에 대한 논의는 시사점이 매우 크지만, 어떤 직무에 만족한다고 해서 동기를 부여받고 그런 동기가 작업 성과로 이어진다는 전제는 많은 연구가 축적된 요즈음의 시각에서 본다면 지나치게 단순화된 논리일 수 있는 것이다.

■6 개인적 차이, 문화적 차이 측면의 논의들

2요인이론은 또한 개인적·업무적·문화적 차이를 비롯한 여러 상황적 요소를 고려하지 못했다는 비판도 받는다. Herzberg는 다음과 같이 주장했다. "문화적 차이에도 불구하고, 전 세계의 구성원들은 직무의 내재적 요소에 대한 만족감과 직무의 외재적 요소에 대한 불만족감 측면에서 일관된 모습을 보여준다. 일본의 종업원들을 연구한 학자들도 일본 종업원들의 '즐거운 경험'은 회사의 정책이나 동료 관계가 아닌 일 자체가 주는 성취감이나 학습 효과에 의거한다는 것…"(xvi쪽). 그러나 그런 요소가 모든 개인에게 동기요인으로 작용한다고 보는 것은 지나친 단순화의 오류를 범하는 것이다. 동기요인의 효과는 개인의 성격적 특성 같은 요소들의 영향을 받을 수도 있기 때문이다(Judge et al., 2002).

개인적으로 스스로 생각하고 판단하는 것보다는 상사의 지시에 따라 정형화된 업무를 수행하는 것을 편하게 생각하면서 선호하는 사람들에게는 작업 관리의 자율성을 강조하는 2요인이론의 타당성이 떨어질 수밖에 없고, 때로는 이런 측면에서 위생요인이 오히려 만족감을 더 키워줄 수 있다는 지적들이 있다(Dartey-Baah & Amoako, 2011; Ghazi et al., 2013). 이런 비판은 업무 특성과도 연계될 수 있는데, 예를 들면, Brenner

와 동료들의 연구(1971)는 회계사를 대상으로 배포한 설문지를 활용해 직무 만족감을 측정한 후 직무 만족감을 결정하는 요소들을 계량 분석해보니 가장 관계가 많은 요소 다섯 가지 중에서 두 가지가 위생요인(회사 정책과 작업환경)이었다는 점을 지적하였다.

문화적 측면에서도 마찬가지이다. 특정한 문화에서는, 예를 들어 그리스의 관리자들에게는 2요인이론의 동기요인에 비하여 대인관계 측면(상사, 동료, 부하직원과의 관계)이 동기요인으로 오히려 작동된다(White & Leon, 1976). 이런 결과는 우리나라를 비롯한 집단주의적 가치를 중시하는 대부분의 국가에서 공통적으로 지적될 수 있는 내용이 아닌가 싶다. 즉, 문화적으로는 위생요인이 더 중요한 동기요소가 될 수 있는 경우도 존재하는 것이다.

■7 욕구이론과의 비교

욕구이론과 2요인이론의 공통점과 차이점을 살펴보는 것은 중요하다. 두 이론은 욕구, 위생요인 같은 상이한 개념을 활용한 듯하지만, 사실은 같은 맥락을 공유하고 있다. 욕구이론에서 하위 레벨의 욕구 충족이 곧바로 상위 레벨의 욕구를 충족시켜주는 것이 아니라는 점, 욕구가 상이하면 이를 충족시키는 요소들도 달라야 한다는 점, 그리고 보다 효과적인 관리를 위해서는 관리의 핵심이 상위 레벨의 욕구를 충족시키는 방식으로 바뀌어야 한다는 주장은, 위생요인이 지속적으로 부여된다고 하여도 동기요인으로 작동되지 않으며 동기부여를 위한 업무 관리가 필요하다는 Herzberg의 주장과 맥을 같이 한다.

한편 두 이론의 두드러진 차이점은, 욕구이론에서는 욕구의 계층적인 충족을 중시하기 때문에 경제적 욕구 같은 하위 단계의 욕구가 충족되지 않으면 자아실현 욕구 같은 상위 단계 욕구는 작동되지 않지만, 2요인이론은 위생요인과 동기요인의 독립성을 강조하기 때문에 위생요인(경제적 요인)이 충족되지 않아도 동기요인이 작동될 수 있다고 본다는 것이다. 물론 앞서 설명한 바와 같이 Herzberg도 위생요인이 근본적으

로 흔들리면 동기 요소가 작동되기 어려워지는 것을 우려하기는 하였지
만, 개념적으로는 위생요소와 동기요소 간의 독립적인 특성을 강조하였
기 때문에 고도의 불만족과 고도의 만족이 동시에 작동 가능하다는 점
에서 욕구이론과 차별화되는 내용이다.

■8 관리적 시사점

　Herzberg의 이론이 관리적인 측면에 미치는 시사점은 매우 크다.
Herzberg가 두 요인의 분석을 통해 주장하고 싶었던 것은 (그 당시) 기업
들에서 위생요인들은 이미 충족이 된 것으로 보이는데도 관리자들이 위
생요인을 통해 동기를 부여할 수 있다고 헛된 기대를 하면서 쓸모 없는
활동에 관심을 쏟는 현실에 대한 지적이다(Bockman, 1971, p.160). 이러한
주장은 1980년대 이후로 동기부여이론 분야의 대표적인 시각이 된 내재
적 동기(intrinsic motivation)의 토대가 됐다.

　Herzberg의 만족감 및 동기요인에 대한 고민은 직무충실화(job
enrichment) 개념으로 확장된다. 즉, Herzberg가 2요인이론을 통해 지향하
는 목표는 직무를 효율화하려는 것이 아니라 충실화하려는 것이다. 직무
확대(job enlargement) 같은 방식이 단순히 직무의 사이즈를 키우는 작업에
불과하다면, 직무충실화는 직원들에게 심리적으로 성장할 수 있는 기회
를 제공하는 것, 즉 수직적으로 충실화하는 것을 의미한다(Hertzberg, 1968).
달리 표현하면, 직무확대는 현재의 직무를 의미감이나 권한의 측면에서
별반 다를 바 없는 수평적으로 확대시켜나가는 방식이며, 직무충실화는
의미감이나 권한을 강화하는 방향으로 수직적으로 확대시키는 것이다.
Herzberg는 직무확대 같은 방식으로는 구성원들의 만족감을 증진시킬 수
없으며 동기부여를 위해서는 직무충실화를 시도해야 한다고 지적한다.

　2요인이론이 제일 이상적으로 여기는 경우는 위생요인과 동기요인
이 모두 충만한 상태이다. 이 경우는 만족감이 높을 뿐만 아니라 불만이
나 불평도 적기 때문이다(Dartey-Baah & Amoako, 2011). 그런데 심각한
문제는 위생요인은 풍족하다는 이유로 동기요인이 없는데도 관리자들이

직원들에게 동기가 충분히 부여됐다는 착각을 하기 쉽다는 점이다. 예를 들어, 제안제도를 살펴보자. 대부분의 기업에서는 구성원들의 참여를 독려하기 위해 제안의 개수에 따라, 또는 선정된 제안에 금전적 보상을 지급한다. 사실 제안제도의 핵심은 자기주도적으로 문제를 고민하고 해결 방안을 모색하도록 하는 것인데, 자칫하면 구성원들이 금전적인 보상을 제안제도의 핵심으로 간주하게끔 관리하는 위험에 빠지는 것이다. 그래서 제안자에게 충분한 보상을 하기만 하면 된다는 실수를 범하게 된다. 하지만 Herzberg의 이론에 따르면, 제안제도가 만족감과 동기부여로 이어지기 위해서는 구성원들에게 문제를 진단하고 개선하는 데 필요한 적절한 교육을 제공해야 할 뿐 아니라, 관리자들이 구성원들이 내놓은 의견에 신속하게 반응하면서 그 의견을 인정해주는 태도, 즉 동기요소를 작동시키는 노력이 가장 필요하다(Bassett-Jones & Lloyd, 2005).

■9 2요인이론에 대한 오해

대부분의 동기이론이 심리학에서 비롯된 이론이다 보니 경영학 분야에 적용할 때는 조금 심도있는 고민이 필요하다. 이론의 표면적인 내용을 곧이곧대로 단순하게 해석함에 따라 그 이론이 주장하는 본질적인 시사점은 묻히고, 그 이론이 실무적으로 별 의미가 없다는 오해를 받는 경우가 종종 있는데, 가장 대표적인 경우가 2요인이론이다. 2요인이론의 시사점을 임금 등은 동기를 부여하는 효과가 없으니 무시해도 된다는 식으로 해석해서는 안된다. 2요인이론과 이에 기반한 내재적 동기를 강조하는 많은 학자들이 지속적인 행동의 원인으로서 임금이 갖는 중요성을 평가절하하는 것은 사실이지만, 이런 이론적 입장을 그렇게 단순하게 해석하는 것은 적절치 않다. 앞서 설명한 바와 같이 2요인이론에서도 임금, 성과평가, 복지제도 같은 위생요인들이 제대로 작동되지 않으면 조직이 정상적으로 기능하기 어렵다고 보기 때문이다.

2요인이론은 실무적으로 매우 강력한 메시지를 전달한다. 단적으로 설명하면, 2요인이론이 주는 시사점은 임금 같은 위생요인을 간과하자는 게 아니라, 위생요인들의 중요성이나 효과에 과도하게 의존하고 있는 기업들의 실태를 경고하는 것이다. 2요인이론의 주장에 따르면, 조직이 위생요인을 잘 관리했다고 해서 구성원들에게 동기를 부여하는 효과를 얻게 될 거라는 기대를 해서는 안 된다. 구성원들이 직무에서 유의미함을 느끼면서 신나게 일하게 만들기 위해서는 작업 관리가 별도로 이루어져야 한다. "임금을 꼬박꼬박 받으면서 왜 일을 열심히 하지 않는 거지?", "동생처럼 아껴줬는데, 왜 열심히 일하지 않는 거지?"라고 생각하는 관리자들이 아직도 많은데, 2요인이론은 그런 생각은 잘못된 것이라는 명쾌한 답을 내놓는다. 이러한 요소들은 동기부여효과가 없기 때문이다. 관리자들은 이런 것들은 기본적으로 하되, 거기에 안주하지 말고 구성원들의 직무 자체가 동기부여효과가 있는지 점검하고 직무 구조를 개선해야 한다. 2요인이론은 구성원들에게 의사결정 권한을 부여하는 행동이나 의견을 내도록 하는 관리 방식이 중요하다는 점을 지적하고 있는데, 흥미롭게도 이런 효과는 미국 이외의 다른 국가들에서도 다수 입증되어 왔다(Alfayad & ARif, 2017; Holland et al., 2011).

성과급제나 정리해고 같은 위생요인에 기반한 관리 방식이 미국 기업들의 대표적인 경영방식들로 성장하였는데, 정작 미국의 경영학자들은 직무 특성의 중요성을, 즉 내재적 요소의 중요성을 강조한다는 점도 아이러니라고 하겠다. 동기를 부여하는 임무를 임금 같은 작업 외적인 요소에 떠넘기지 말고, 과업 특성을 적극적으로 충실화함으로써 내재적인 동기부여를 유발하도록 노력해야 한다며 관리자의 역할을 강조하는 2요인이론의 주장은, 이른바 성과주의로 포장된 연봉제의 강화와 정리해고의 증가를 경험하는 우리나라 기업에 시사하는 바가 크다고 하겠다.

■10 한국적 '승진'에 대한 논의

마지막으로 한국 조직의 독특한 승진제도에 대하여 2요인이론에 기반하여 설명을 함으로써 마무리를 하고자 한다. 한국의 문화 및 조직 풍토에서 승진은 매우 중요한 요소다. 회사들마다 승진 또는 승급 등의 용어로 조금씩 다른 표현을 사용하기는 하지만, 종합해서 보면 두 가지 측면의 변화가 나타날 수 있다. 첫째는, '사원→대리→과장' 같은 조직 내 지위(rank)의 변화이며, 두 번째는 '팀원→팀장' 같은 업무 내용의 변화다. 많은 경우 전자와 같은 승진이 동기부여 효과가 있다고 생각하지만, 2요인 이론은 이러한 지위의 변화와 업무의 변화를 구분해서 보아야 한다는 점을 시사하고 있다. 즉, 사원에서 대리로 승진하면서 지위나 호봉만 변하는 것이 아니고, 업무의 폭이 넓어지고 재량권과 예산권이 증가하고 나에게 보고하는 부하직원이 생기는 등 업무의 변화를 수반한다. 이런 경우 승진으로 인한 동기부여 효과는 조직내 랭크의 변화나 호봉의 증가(즉, 위생요인)로 인한 것이 아니고 업무 내용의 변화로 인해서 일어나는 것이다. 가령, 대리로 승진을 시킨 후에 업무를 그대로 한다면 동기부여 효과는 없을 것이며, 뒤집어서 승진을 시키기 어려운 경우에 업무 내용을 개선해주는 것만으로도 동기부여 효과는 발생할 것이라고 2요인이론은 예측한다. 그런 점에서 팀원에서 팀장으로 보임을 하게 되는 경우는 업무 특성이 매우 많이 변하기 때문에 이로 인하여 동기부여 효과가 높게 나타나는 것이다. 이러한 점에서 2요인이론은 실무적으로도 매우 설득력 있는 내용을 제공하고 있다.

(3) 직무설계를 통한 행동 변화

■1 배경

앞서 설명하였던 바와 같이 2요인이론은 산업혁명 이후 20세기 초반을 주도했던 업무 단순화와 분업을 강조하는 흐름에 비판을 가하며, 업무를 충실화하는 방향으로 변해야 한다고 주장했다. 2요인이론의 이런 주장은 직무특성이론(job characteristic model)이라는 보다 구체적인 방향으로 전개되었다. 주로 1970년대에 Richard Hackman, Greg Oldham, 그리고 Edward Lawler 등의 학자들을 중심으로 직무 특성의 변화를 통하여 충실화하는 쪽으로 직무를 재설계하여 동기를 부여하자는 논의가 무르익었다.

직무특성이론은 직무의 동기부여 효과를 강조하는 2요인이론과 근본적인 입장을 같이하면서도, 2요인이론이 동기부여 요소들에 대한 측정과 효과에 대한 경험적인 결과가 부족하다는 점을 보완해준다. 또한 2요인이론이 개인의 욕구와 같은 내면적인 요소들을 중요하게 고려하지 않았다는 한계점도 보완해주는 접근 방식으로 직무와 개인의 특성을 모두 고려하는 접근으로 제시되었다(Hackman & Oldham, 1976). 직무특성이론은 실제 직무 구조 개선에 대한 구체적인 지침을 제공하기 때문에 내재적 동기이론들 중에서 실무적인 시사점이 제일 높은 이론이라고 할 수 있다.

■2 직무특성의 내용, 동기 계산 방식, 그리고 효과

직무특성이론이 주장하는 바를 간략하게 정리하면, 구성원들은 임금 상승이나 상사의 인정 같은 요소들로부터 동기를 부여받는다기보다는 업무를 수행하면서 좋은 기분을 갖게 되는 것 자체로 동기를 부여받는다는 것이다(Oldham & Hackman, 2010). 그런데, 이 이론의 주창자들은 이런 효과가 개인별 특성에 따라 상이할 수 있는데, 가령 개인적인 성장 욕구가 없다면 도전적인 업무에 빠져드는 효과가 덜할 것이고, 직무와 관련된 지식과 기술이 없다면 성공보다는 실패를 더 경험하게 되면서 효과가 없을 것이라고 설명한다.

직무의 어떤 특성이 사람들로 하여금 일에 빠져들게 만드는가? 직무특성이론에서는 구체적으로 다섯 가지 직무 특성에 대해 설명하면서, 직무진단조사(Job Diagnostic Survey) 같은 방식을 활용하여 직무의 다섯 가지 측면(기술다양성, 과업정체성, 과업중요성, 자율성, 피드백)을 측정한다. 기술다양성(skill variety)은 직무를 수행하는 데 요구되는 기술의 종류가 얼마나 다양한가를 의미하고, 과업정체성(task identity)은 자신의 직무를 수행하는 것을 통해 전체적인 업무를 파악할 수 있는 정도를 의미한다. 과업중요성

(task significance)은 자신의 직무가 조직의 다른 사람들에게 얼마나 큰 영향을 미치는가를 의미하고, 자율성(autonomy)은 자신의 직무와 관련된 의사결정 권한이 자신에게 있는지 여부를 의미한다. 그리고 피드백(feedback)은 직무 자체가 주는 직무 수행성과에 대한 정보의 유무를 의미한다.

이 과업 특성들은 구성원의 심리에 각각 독특한 효과를 발휘하는데, 가령 기술다양성과 과업정체성, 과업중요성이 높을수록 과업에서 느끼는 의미감이 증가하고, 직무의 자율성이 증가하면 심리적 책임감이, 피드백이 증가하면 결과에 대한 인지라는 심리적 상태가 변화한다. 이런 심리적 변화가 전체적으로 어우러지면서 구성원의 동기와 성과를 증가시킨다는 것이 직무특성이론의 핵심적인 주장이다.

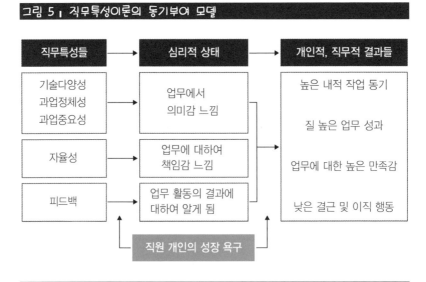

그림 5 | 직무특성이론의 동기부여 모델

출처: Hackman et al. (1975). A new strategy for job enrichment. *California Management Review*. 17. 58쪽.

직무특성이론의 강점은 직무가 주는 내재적 동기부여의 수준을 계량적으로 측정한다는 데에 있다. 그 구체적인 측정 방식은 다음과 같다.

직무의 다섯 측면을 각각 측정한 후, 〈그림 6〉과 같은 공식을 통해 동기
부여 지수를 계산하는 것이다. 이 공식에 따르면, 동기잠재력점수인 MPS
(Motivating Potential Score)가 높을수록 직무의 내재적 동기가 높다. 한걸음
더 나아가, MPS계산에는 직무의 다섯 가지 특성이 모두 포함되지만, 자율
성이나 피드백이 0에 가까운 경우 다른 세 측면의 점수가 높더라도 MPS
는 0이 된다는 점에서 자율성과 피드백이 특히 강조되고 있다(Hackman &
Oldham, 1976).

그림 6 ❘ MPS 산정 공식

$$\text{동기잠재력점수}(MPS) = \left[\frac{\text{기술다양성} + \text{과업정체성} + \text{과업중요성}}{3} \right] \times \text{자율성} \times \text{피드백}$$

출처: Hackman, J. & Oldham, G. (1975). Development of the job diagnostic survey. *Journal of Applied Psychology.* 60. 160쪽.

■3 직무특성이론 적용 사례

직무특성이론은 매우 복잡해 보이지만 다음과 같은 사례를 들어 설
명하면 이해하기 쉽다. 전화교환원을 예로 들어보자. 전화교환원의 직무
는 전형적인 주변부 직무(boundary work)다. 즉, 업무가 매우 단순반복적
이기 때문에 업무를 수행하는 데 많은 고민이나 역량이 요구되지 않는
다. 이런 주변부 직무는 비용을 많이 들이지 않게 편의적으로 선발하고
해고하는 방식을 활용하기 때문에 이직률이 높다. 또한 개인별로 받는
임금 액수는 적지만, 구성원의 수가 많기 때문에 조직이 지출해야 하는
총임금, 즉 고정비의 비중은 무시하기 어려운 수준이다. 그런데 이들의
단순반복적이고 지루한 업무는 동기잠재력점수(MPS)는 낮은 상태다. 따
라서 조직의 핵심 인력은 아니더라도 이들에 대한 동기부여 효과는 조
직에게 중요한 요소가 된다.

직무특성이론을 적용하여 전화교환원의 직무를 재설계할 수 있다.

즉, 걸려오는 전화를 단순히 연결하기만 하는 기존의 직무방식에서 벗어나, 주말마다 열리는 기획회의에 참석하게 해 조직의 전반적인 상황 및 전략을 인식하게 만들고, 간단한 컴퓨터 교육을 실시해 단순히 전화를 연결하는 것으로 직무를 끝내는 것이 아니라 고객이 건 전화의 패턴 등을 분석해보고 팀장과 논의할 수 있는 역량을 갖추도록 만드는 것이다. 그리고, 자주 발생하는, 그렇지만 상대적으로 간단한 내용의 고객 불만 사례는 스스로 처리할 수 있도록 교육과 권한을 제공하는 것도 방안이 될 수 있다.

이런 식으로 직무 변화를 유도하면, 기술의 다양성이 증가하고(예: 컴퓨터기술의 활용), 자신의 업무 행동 중 어떤 부분이 고객불만족을 야기시켰는지 알게 되어 피드백이 증가하며 자신이 간단한 고객 불만을 처리할 수 있기 때문에 자율성이 증가한다. 또한 회의 참석을 통해 특정 부서에 고객들의 전화가 갑자기 증가하는 등의 상황 변화에 대한 이해도 제고되어 과업 정체성도 증가하게 된다. 이러한 변화에 따라서 결국은 MPS가 증가하게 되고, 직무의 동기부여 효과가 증가하면서 업무 만족과 고객 응대 친절도가 자연스럽게 증가하며 이직이 감소하게 된다. 우리나라에서도 이러한 변화들은 자주 관찰된다. 즉, 많은 콜센터에서 상담원의 직무 교육을 늘리고 고객이 제기한 불만을 상황별 매뉴얼에 따라 스스로 처리하는 권한을 더 많이 부여하고 있는 방향으로 변화하고 있는데, 이러한 변화는 동기부여를 위해 적절한 시도라고 하겠다.

■4 내재적 동기 이론으로서의 면모

직무특성이론은 직무를 수직적으로 확대하는 것이 업무의 내재적 동기를 증가시키는 유일한 방법이라고 본다는 점에서 2요인이론과 맥을 같이한다. 다시 말하면, 직무충실화를 실행에 옮기는 구체적인 방식이 직무특성이론이라고 할 수 있다. 직무특성이론에 따르면, 직무의 특성 수준이, 즉 MPS가 변화할 때 심리적 상태가 많은 영향을 받을 뿐 아니라, 심리적 상태의 변화가 동기의 증가나 성과의 향상으로 더 크게 이어진다. 직무를 수행하는 구성원들은 충실화된 직무가 주는 도전감이나 내적인 보상을 즐기기 때문이다(Hackman & Oldham, 1973; Oldham et al., 1976).

　개인의 직무 관련 기술이나 지식도 필요한데, 이런 역량이 없는 경우에는 충실화된 업무에서 더 많은 실패를 경험하게 되는 악순환이 일어난다(Oldman & Hackman, 2010). 직무특성이론을 주장하는 학자들은 개인들이 작업 환경을 전반적으로 어떻게 인지하는지를 조절변수로 고려했고, 그 결과로 임금과 고용 안정, 대인관계 같은 외재적 변수에 대한 만족감이 높을수록 직무특성의 효과가 증가한다는 점을 지적했다. 그런 외부적 요소에 강한 불만족을 품게 되면 구성원들의 정신은 산만해지면서 위생요인에 더 많은 신경을 쓰게 되기 때문에 직무 특성이 제 효과를 발휘할 수 없게 된다는 것이다. 구성원들은 그러한 문제들이 없어야 직무의 '충실함'을 만끽할 수 있게 된다(Oldham et al., 1976). 이런 점에서 2요인이론과 공통점이 있다.

　직무특성이론의 흥미로운 점은 변화가능성을 주목하고 강조한다는 점이다. 예를 들어, 어떤 구성원이 오전에 열린 기획회의에서는 자율성이 낮았던 반면 오후에 업무를 개선하기 위해 열린 회의에서는 자율성이 증가할 수도 있는 것처럼, 직무 특성은 매순간 변화할 수 있는 역동적인 특성을 갖는다고 학자들은 주장한다(Hackman & Oldham, 1976; Oerlemans & Bakker, 2018). 이러한 가변성은 조직 관리에 있어서 실무적 시사점이 크다는 것을 의미한다. 즉, 직무 전체를 조정하지 않고 부분적으로 충실화하는 것이 가능한 것이다.

■5 문화적 차이에 대한 논의들

　직무특성이론의 효과가 문화적 차이의 영향을 얼마나 받느냐 하는 것도 중요한데, 학자나 연구 결과별로 차이는 존재하지만, 직무 특성이 동반하는 의미감, 책임감, 그리고 결과의 인지가 일으키는 긍정적인 효과는 국가적·문화적 차이 때문에 달라지지는 않는다는 주장이 설득력이 있다(Oldman & Hackman, 2010). 직무특성이론이 주장하는 내용이 비미국

권, 가령 영국의 경우(DeVaro et al., 2007)나 홍콩의 경우(Birnbaum et al., 1986)에도 전반적으로 지지를 받고 있는 것이다. 그런데, 홍콩인들을 대상으로 한 연구는 직무특성을 직무수행자가 아니라 상사에게서 측정했을 때 더 타당한 결과를 보인다는 지적을 감안하면, 전반적인 직무특성이론의 주장점은 보편적으로 효과가 있는 것으로 받아들이더라도, 직무의 특성을 어떻게 측정하는 것이 적합한지에 대해서는 문화적인 차이가 있을 수 있다는 가정을 해볼 수 있다.

■6 잡 크래프팅(job crafting) 논의들

직무특성이론을 확대하는 이후의 후속 연구들은 크게 두 가지 방향으로 이루어지고 있다. 첫째 방향은, 직무특성이론의 중요한 시사점은 관리자가 구성원의 직무를 충실화해주는 것이라고 보면서 그와 관련한 내용을 보완하는 방식의 연구로서, 직무를 바텀업(bottom-up) 방식으로 재설계하자는 입장이다. 이런 경향은 잡 크래프팅(job crafting)에 대한 연구에 잘 드러나 있다. 잡 크래프팅은 '직무수행과 관련해서 업무나 인간관계의 경계를 만들어나가는 행동적·인지적 변화'를 의미한다(Wrzesniewski & Dutton, 2001). 예를 들어, 병원의 미화원이 자신의 직무를 조직에서 시키는 일들(가령 일정한 시간에 휴지통을 비우고 바닥을 닦는 행동들)로만 국한시키지 않고 간병을 보다 효과적으로 지원하는 역할로 간주하여 환자와 가족들에게 보다 더 쾌적한 환경을 제공하기 위하여 필요한 행동들을 자기주도적으로 발굴해나가는 변화가 잡 크래프팅으로 해석될 수 있다. Wrzesniewski와 Dutton(2001)은 구성원들이 잡 크래프팅 행동을 하는 이유에는, 업무에서 소외감을 느끼지 않기 위해 통제력을 발휘하고자 함도 있으며, 자신의 이미지를 긍정적으로 구축하고 싶은 목적, 그리고 다른 사람들과 관계를 돈독히 하고자 하는 근본적인 욕구 때문이기도 하다고 설명한다. 나아가 구성원들의 잡 크래프팅 행동은 상황적 요소들의 영향도 받는데, 가령, 동료들이 수행하는 업무와 상호의존성(업무의 요소나 절차들이 연결돼있어 한 부분의 변화가 다른 부분에 영향을 미치는 정도)이 낮은 경우

(예를 들어, 미용사나 환경미화원)에 크래프팅 여지가 더 큰 반면, 매사를 지시하고 통제하려는 관리 방식을 활용하는 상사와 일하는 경우에는 크래프팅 여지가 감소한다고 설명한다. 정리하자면, 직무특성 모델이 탑다운(top-down)적이고 구조적인 직무설계 방식이라면, 잡 크래프팅은 이를 보완하는 바텀업적인 방식으로(Oldham & Hackman, 2010), 업무를 수행하는 당사자들이 자신들의 직무 영역을 주도적으로 확대시켜나가는 것을 의미한다. 또한, 직무특성이 직무 특성에 의해 변화하는 구성원들의 심리 상태에 초점을 맞춘다면, 잡 크래프팅은 심리상태 자체보다는 '행위'에 명확하게 초점을 맞춘다는 차이가 있다(Wrzesniewski & Dutton, 2001).

잡 크래프팅은 주어진 직무에서 변화와 혁신을 추구해나가는 자기 주도적인 행동이다(Berg et al., 2010). 그런 까닭에 잡 크래프팅은 직무특성이론을 대체하는 대안이라기보다는 보완적인 역할을 하는 이론이라고 볼 수 있는데, 그런 점은 직무 특성의 상황에 따라 크래프팅을 수행하는 메커니즘이 다르게 작동될 수 있다고 지적하는 부분에서 두드러진다. 예를 들면, 기존에 자율성과 권한이 부여되는 조직 또는 위치에 있는 관리자들은 직무의 특성에 기반하여 자신들의 기대감에 더 잘 부응하는 방향으로 자기 주도적인 적극적인 행동을 해나가는 반면, 낮은 직급의 구성원들은 기존의 직무 규정의 영향을 받아 주로 다른 사람들의 지원이나 기대감에 부응하는 방향으로 행동해 나간다는 주장이다(Berg et al., 2010). 결국, 현재의 구조적인 직무 규정이 잡 크래프팅 자체에 영향을 미칠 수 있기 때문에, 구성원들의 권한과 자율성을 공식적으로 증가시키는 방향으로 직무 구조의 변화가 우선적으로 시행되면 효과적인 잡 크래프팅의 가능성이 증가한다는 점에서 직무특성이론과 잡 크래프팅은 보완적이라고 평가할 수 있다.

■7 비판적 시각들

한편, 직무특성의 효과를 비판적으로 바라보는 시각도 있다. Johns(2010)는 이러한 측면에 대해 자세히 설명하는데, 그는 크게 두 가지 점을 강조한다. 첫째는 각 직무 차원들끼리의 상충효과다. 가령, 직무특성 모델에서는 다섯 가지의 직무특성이 정적인 상관관계를 갖고 있다고 전제하지만 실제로는 그렇지 않은 경우가 자주 발생한다는 지적이다. Johns는 이런 현상을 직무특성의 "죽음의 조합(deadly combinations of job dimensions, 예를 들어, 높은 중요성과 낮은 자율성)"이라고 부르면서, 기존의 이론은 이런 경우에 대한 고민과 설명이 매우 부족하다고 지적한다. Johns의 두 번째 비판은 지나치게 충실화되는 경우에 발생할 수 있는 문제이다. 즉, 시간적인 압박이 어느 정도는 창의성을 증가시키지만 지나치면 역효과를 내는 것처럼 직무충실화로 인해서 발생하는 업무의 부담감이 어느 정도까지는 심리적 건강함을 유지시켜 주지만 지나칠 경우에는 문제를 일으킬 수 있는 것이다. 가령 지나친 자율성은 위험이나 불안감을 야기시킬 수 있다.

또한 직무특성에 대한 측정이 매우 어렵다는 한계도 있다. 직무수행자에게 질문을 하거나, 상사나 동료들에게 질문을 하거나, 관찰을 하거나, 자료 취합을 통해 측정하는 등의 여러 방식을 수행했을 때 일치하는 결과가 나오기는 어렵고, 따라서 어떤 방식으로 측정하는가에 따라 결과가 달라질 수 있다는 한계가 있다는 것이다(Daniels, 2006).

■8 최근 연구들

직무특성이론을 바탕에 둔 연구는 이후로 여러 갈래로 확장되어 왔는데, 대표적인 세 가지 측면을 언급하고자 한다. 첫 번째는, 직무 특성을 정적인 개념으로 보는 게 아니라 같은 직무를 수행하더라도 상황에 따라 변화할 수 있는 동적인 개념으로 보아야 한다는 주장이다. Olerlemans와 Bakker의 연구(2018)는 이런 점을 잘 보여주는데, 작업자가 그날 직무의 어떤 행동을 수행하느냐에 따라서 직무 특성을 다르게 인지할 수 있다고 지적하는데, 가령 오전에 관리를 위한 단순한 결정들을 반복하고서는 오후에는 새로운 프로젝트를 진척시키기 위한 결정들을 한다면 자율성 같은 직무 특성의 정도에 변동이 생기는 셈이다. 따라서 그들은

MPS를 일정 시점에서 개인들 간에 비교하여(between person comparison) 설명하는 것은 부적절하다고 주장한다. 이런 주장을 고려할 경우, 직무 특성 요소들을 분석하는 과정에 다양한 변화가 이루어져야 한다. 예를 들어, 직무 단위가 아닌 직무를 구성하는 '행동' 단위로 MPS를 측정해야한다는 주장이나, 단일 시점이 아닌 다양한 시점에서 MPS를 측정하여 변화하는 모습을 고려해야 한다는 지적이다.

두 번째는 업무환경 변화를 반영하는 방향으로 논의가 확대되어야 한다는 점이다. Oldham과 Hackman도 같은 지적을 하는데, 두 사람은 자신들이 직무특성모델을 발전시킨 이후 일어난 업무 환경의 변화에 어울리게 이론도 변화해야 한다고 지적한다(Oldman & Hackman, 2010): "그 당시에는 직무 자체에 초점을 두는 것이 필요한 일이자 적합한 일이었다. 하지만 그 이후 상황이 아무도 예측하지 못한 방향으로 근본적으로 변화했다." 기존의 모델에서 보면, 조직은 조직의 생존에 필요한 직무를 수행하는 데 사용되는 구체적인 기술을 보유하고 있고, 구성원 개인들은 자신들의 직무 내용과 경계가 명확하게 규정 지어진 상황에서 업무를 수행했다. 하지만 20세기 말부터 직무의 근본적인 변화가 이루어졌는데, 예를 들면, 재택근무나 전자통신을 활용한 소통이 증가하고 사전에 규정되지 않은 일도 수행해야 하는 경우가 많이 발생한다. 그래서 Oldham과 Hackman(2010)은 위에서 설명한 기존의 직무특성모델을 상황 변화에 맞춰 적절하게 수정해야 한다고 지적한다.

이러한 변화에 더하여 두드러진 변화가 팀제의 증가이다. Locke와 Latham은 동기부여이론이 향후에 강조해야 할 영역으로 팀 효과성 관련 연구의 필요성을 제시한다(Locke & Latham, 2004). 팀에 작동하는 변수들은 개인들에게 단독적으로 작동하는 변수들과 매우 상이하기 때문이다. 현대 조직에서는 많은 일이 팀 단위로 이루어지고 상사가 없이 일하는 경우도 증가하기 때문에 이런 직무 환경의 근본적인 변화와 차이가 직무특성 모델에도 반영되어야 한다. Oldman과 Hackman(2010)은 지금까지 직무특성이론이 현장에서 근무하는 일선 근무자 위주였다면 이제는 관리자나 전문가 집단에 대한 논의를 늘려야 한다는 점을, 그리고 지금까지 다룬 내용이 특정 직무의 구체적인 특성에 대한 것이었다면 앞으로는 기술 발달을 적절하게 포함하는 자율관리팀의 역할에 대한 논의가 늘어야 한다는 점을 지적한다. 또한 직무의 사회적 측면, 상호의존성, 다른 사람들이 주는 피드백, 사회적 지원 등도 중시해야 할 것이라는 주장을 하면서도, 동시에 작업 동기와 관련해서는 사회적 요소들보다는 직무특성의 요소들이 여전히 더 큰 영향을 미칠 것이라는 것이 이들의 주장이다(469쪽).

한걸음 더 나아가서, MTM(multiple team membership)의 논의도 포함이 되어야 할 것이다. MTM은 구성원이 하나의 팀에만 소속되는 것이 아니라, 동시에 여러 팀에 소속되어 직무를 수행하는 상황을 의미하는데 최근 들어 전 세계적으로 활용 정도가 급격히 증가하였다(Van De Brake, Walter, Rink, Essens, & Vegt, 2017). 특히 복잡하고 불확실성이 높은 프로젝트들을 기반으로 활동하는 지식근로자들의 업무에 많이 활용되고 있으며(Cummings & Haas, 2012), 향후에도 더욱 확산될 것으로 전망된다. MTM은 우리나라 기업에서도 많이 보편화된 관리방식으로 자리잡아가고 있다(Chang et al., 2021). MTM제도 아래에서는 단순히 팀의 개수가 문제가 되지 않으며, 각 팀들이 구성되고 해체되는 기간도, 그리고 리더와 고객과 동료들도 각기 상이하다(Cummings & Haas, 2012). 이러한 MTM의 특성은 팀원들이 충실화된 업무를 수행하는 데에 도움이 되거나 또는 방해가 될 수 있기 때문에, 향후 직무특성이론과 관련된 논의들에서 이러한 변화들이 적절하게 고려되어야 할 것이다.

팀제가 늘어나는 추세는 언뜻 보면 개인의 직무를 명확하게 구획하는 작업에 기초한 이론인 직무특성이론과 상충될 수도 있겠지만, 자율성을 강조하는 측면에서는 맥락을 같이하는 것으로 봐야 할 것이다. 구성원들이 팀을 구성하여 예전에 상사들이 수행했던 관리적·전략적 의사결정권을 위임받는 자율경영팀에서도 자율성의 증가는 팀 운영의 핵심 요소이기 때문이다.

세 번째 연구 방향은 직무특성이론이 강조하는 개별적인 차원에 초점을 맞추면서 다른 이론들과의 접점을 통합적으로 분석하는 추세이다. 가령, Barrick과 동료들의 연구(2013)는 목표설정이론의 '의도적 측면(purposefulness)'과 과업의 의미감을 통합하여 동기 과정을 설명한다. 즉, 외향성, 성실성이 높은 구성원들이 의도적으로 높은 목표지향성을 갖게 되는데 이 때 직무 특성들이 적절하게 제공된다면 업무의 의미감이나 동기가 증가되어 성과 향상으로 이어진다는 주장이다. 이와 같이 다른 영역의 이론과의 통합은 의미가 있지만 인지적 동기이론으로서의 목표설정이론과 내재적 동기이론으로서의 직무충실화를 통합하는 논의들은 아직 많은 진전을 보이지 못한 아쉬움이 있다.

■9 직무특성이론의 핵심 개념은 자율성!

앞서 지적한 바와 같이, MPS 공식에 포함된 다섯 가지 요소는 동기부여를 측정하는 데에 모두 고려되지만 동일한 비중으로 고려되지는 않는다. 즉, 기술다양성이 부족한 경우에는 과업정체성을 증가시켜 만회하는 게 가능하지만, 자율성이나 피드백이 0이면 다른 요소들의 점수가 높더라도 결국 공식을 통해 계산된 값은 0이 되고 만다. 따라서 직무특성이론은 과업의 피드백과 자율성을, 특히 자율성을 가장 강조하는 이론이다. 구성원들이 자신들이 수행한 업무 행동의 결과를 인지하게 만들면서, 구성원들에게 이를 개선할 수 있는 결정 권한을 부여하자는 것이 이론의 핵심이다.

이러한 내용과 관계된 메타 분석 결과가 흥미롭다. 같은 연구 과제를 탐구하더라도 샘플을 어떻게 구하느냐, 변수 측정을 어떤 방식으로 하느냐에 따라 동일한 결과들이 나오지는 않는다. 이런 경우에는, 도출된 결과들에 대한 2차 분석으로 메타분석을 하게 되는데, 메타분석은 연구 결과를 종합할 때 특정 인과관계가 평균적으로 어느 정도인지, 그리고 그런 상황을 조절하는 변수는 어떤 것들이 있는지를 밝히는 학술적 작업이다. 직무특성이론이 주장하는 바와 같이 직무 특성의 변화가 만족감에 어떤 영향을 미치는가에 대한 메타분석은 약 0.39 정도의 비교적 높은 관계가 있다는 것을 보여주고 있고, 흥미롭게도 다섯 개의 직무 차원 중에서 자율성이 가장 높은 관계가 있음(r=0.49)을 보여주고 있다(Loher et al., 1985). 직무특성이론도 자율성의 중요성을 특히 강조한다는 점을 고려하면, 이런 분석 결과 자체는 타당한 것으로 평가할 수 있지만, 그런 메타분석이 진행된 시점이 오래 전이라는 점을 감안하면 앞서 설명한 업무 환경의 대대적인 변화를 고려한 연구들과 새로운 메타분석을 실시해야 할 것으로 평가된다. 하지만 자율성이 의미있는 효과를 보인다는 사실은 오히려 강화될 것으로 예측할 수 있다.

■10 직무특성이론이 갖는 의의

직무특성이론에 대한 설명을 마무리하자면 직무특성이론은 심리학적인 접근방식에 기반한 다른 이론들에 비해 실무적인 시사점을 무척 많이 제공한다. 즉, 내재적 동기를 증가시키려면 구체적으로 업무를 어떤 방식으로 변화시켜야 하는지에 대한 지침으로 유용하게 활용할 수 있다. 그런데 직무특성이론의 근본적인 속성은 탑다운적인 접근이라는 것, 다시 말해 관리자나 컨설턴트들이 구성원들의 직무를 분석하여 변화시키는 방식이라는 것이다(Oldman & Hackman, 2010, 470쪽). 이런 관점은 어쩌면 회사 중심의 관리방식이 아직도 지배적이던 20세기 중후반의 분위기를 잘 보여주는 것일 수 있다. Oldham과 Hackman은 전반적인 관리환경의 변화로 인해 이러한 탑다운적인 방식이 바텀업적인 직무 관리로 변화할 가능성을 지적하면서 앞서 설명한 잡 크래프팅의 중요성을 강조하고 있다. 즉, 잡 크래프팅은 앞서 설명한 바와 같이 구성원들이 자신들의 직무를 구성해가는 과정에서 상당한 자율성을 갖거나, 최소한 자신들의 직무 설계 및 변화 방향에 대해 상급자와 논의할 수 있는 기회와 역량을 필요로 한다는 점에 착안한 것이다(Berg et al., 2010). 크래프팅을 하는 구성원들은 도전적인 일을 마다하지 않고, 필요한 경우에는 피드백을 요청하며 업무에 능동적으로 임하는 등의 적극적인 자세를 보이는 것으로 직무와 관련된 몰입(engagement)과 만족감 같은 좋은 결과들을 만들어 낸다(Gordon et al., 2018). 잡 크래프팅에 관한 많은 연구들이 긍정적인 효과가 있다는 결과들을 보여주지만, 이런 결과가 직무의 변화로 인한 것인지, 아니면 업무 담당자들의 목소리가 반영되는 참여적 과정에 의한 것인지는 앞으로 좀 더 분명하게 규명해야 할 이슈이다(Oldman & Hackman, 2010).

(4) '자기결정감'의 중요성

■1 배경

직무 관련 논의들이 자율성이나 권한 위임 같은 개념들을 강조한 것처럼, 자기결정감이라는 개념을 통해서도 유사한 주장이 펼쳐졌다. 이런 관점에서 대두된 가장 대표적인 이론이 인지적 평가이론(Cognitive Evaluation Theory)과 자기결정이론(Self-determination Theory)으로, 이 두 이론은 21세기 들어서도 가장 큰 영향력을 발휘하는 동기이론이라고 해도 과언이 아니다. 이 두 이론은 구체적인 내용에서는 차이가 있지만, 동일한 학자들에 의해 연구되어 개발되었을 뿐 아니라 상호보완적인 측면도 있어서 여기서는 함께 다루고자 한다.

■2 행동의 원인에 대한 평가

우선 인지적 평가이론에 대해 살펴보겠다. 이 이론은 1970년대 말부터 많은 반향을 일으킨 이론인데, 관리적 시사점도 매우 큰 이론임에도 불구하고, 요즘은 후속 연구가 많이 진행되지 않는 아쉬움이 있다. 심리학 이론으로서 인지적 평가이론은 행동의 원인에 대해 매우 명쾌한 설명을 제공하는데, 관리적 시사점을 얻기 위해서는 이 이론의 주장을 표면적으로만 받아들이지 말고 깊이 있게 숙고해봐야 한다. 그냥 표면적인 단어들에만 초점을 둔다면 실무적인 시각에서 풍요로운 이 이론의 맛깔스러움을 느끼기 어렵다.

인지적 평가이론은 많은 실험실 연구에 기반하여 구축되었다. 동기 부여 실험에서는 주로 단순한 업무를 가지고 실험을 하는데, 이 이론도 마찬가지였다. 업무가 복잡해지면 능력이나 경험, 기술 등의 다른 요소들이 끼치는 효과를 배제할 수 없기 때문이다. 즉, 동기가 성과 향상에 미치는 효과를 확인하기 위해서는 가령 종이학 접기 같은 간단하면서도 결과를 계량적으로 측정하기 수월한 작업을 갖고 실험을 수행한다. 이 연구에서도 마찬가지였으며, 연구에 자발적으로 자원한 대학생들을 대상으로 실험을 하였다. 실험이 시작되면, 피험자들을 두 집단으로 나누어 각각 업무(예를 들어, 종이학 접기와 같은)를 하게 한다. 그리고 일정 시간 작업을 시킨 후에 쉬는 시간을 갖게 된다. 이때, 실험집단에만 개인 성과급을 지급한 후 작업을 재개하면서 어느 집단의 구성원들이 업무에 더 큰 관심을 갖는지 확인하는 것이 연구의 핵심이었다. 상식적으로 생각해보면 성과급을 받은 집단이 업무에 더 많은 관심을 보일 것 같지만, 결과는 뜻밖에도 그 반대로 나타났다. 즉, 성과급을 받지 않은 집단이 업무에 보이는 관심이 성과급을 받은 집단이 보인 관심보다 높게 나타난 것이다.

이유는 무엇일까? 사람이 하는 행동은 무의식적이거나 무작위적으로 나타나는 것이 아니다. 모든 행동에는 원인이 있고, 사람들은 자신이 한 행동의 원인이 무엇인지를 알고 있다. 즉, 종이학을 접는 자신의 행동의 원인에 대한 인지적 평가가 이루어지는 것이다. 이 실험의 경우, 작업을 처음 시작할 때 피험자들이 생각한 행동의 원인은 다분히 내재적이었다. 즉, '학문 발전에 기여하는 좋은 일이므로 내가 자원해서 참여했다'는 동기가 행동의 원인이었다. 그런데 생각지도 않게 성과급이라는 외재적 보상이 치고 들어오면, 이후로는 행동의 원인이 업무에서 보상으로 자연스럽게 옮겨가는 상황이 발생하는 것이다(Deci et al., 2017). 그러면서 자신이 만드는 종이학이 너무나 자연스럽게 1달러로 보이게 된다. 즉, 행동의 원인이 내재적인 동기에서 외재적인 동기로 대체될 수 있는 것이다.

이와 관련한 재미있는 실험이 있다. 1980년대에 인지적 평가이론을 주장한 학자들이 진행한 소마퍼즐 실험이다(Deci & Flaste, 1995). 소마퍼즐은 레고와 유사한 것으로, 많은 수의 조그만 부품을 가지고 특정 형상을 만드는 작업이다. 〈그림 7〉에 보이는 앉아있는 개의 형상이 그런 작업의 예이다. 이 퍼즐은 당시의 대학생들이 푹 빠져 즐긴 활동으로, 일단 시작하고 나면 며칠 밤을 새우면서까지 몰두했다고 한다. 즉, 이 퍼즐을 실험에 사용한 이유는 이미 내재적 동기가 높은 활동이었기 때문이다.

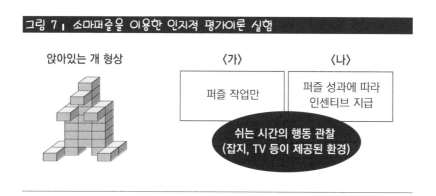

그림 7 I 소마퍼즐을 이용한 인지적 평가이론 실험

실험에서는 참가자들을 두 집단으로 나눈 후, 한 집단은 퍼즐을 맞추는 작업만 시키고 다른 집단에게는 퍼즐과 인센티브를 제공했다. 일정 시간 동안 작업을 진행한 후, 컴퓨터에 성과를 입력을 해야 한다는 이유를 대면서 실험자들에게 자연스럽게 쉬는 시간을 갖게 해줬다. 이 쉬는 시간이 연구의 핵심이다. 연구자들은 쉬는 시간 동안 참가자들이 하는 행동을 지켜보았는데, 인센티브를 받은 집단은 쉬는 시간이 되자 옆에 놓인 잡지도 뒤적이고 TV도 보는 등 작업을 중단하고 휴식을 취했다. 그런데 인센티브를 받지 않은 집단의 멤버들은 쉬는 시간이 되자 자연스럽게 토론을 시작했다. 이건 왜 잘 안 들어가는지, 이 방식보다 다른 방식이 더 적합한 것 같다든지 자신이 진행했던 작업에 대한 의견을 주고받은 것이다. 이 실험 결과가 제시하는 시사점은 명확하다. 인센티브가 두드러지게 작동된 경우에는 재미있는 퍼즐 맞추기가 직무로 탈바꿈한 반면, 다른 집단에서는 그런 대체효과가 없었고, 그래서 쉬는 시간에도 직무에 대한 얘기를 자발적으로 즐겁게 한 것이다. 이러한 현상은 일과 업무의 연속적 흐름(즉, flow)으로 설명되기도 한다.

이 이론은 경제적 보상이 개인들이 업무에 갖는 관심에 어떠한 효과를 미치는가, 구체적으로 경제적 보상이 업무에 대한 관심을 축소시키거나 대체시킨다는 논제를 제시하면서 이후 많은 연구들과 심도 있는 논란을 불러왔다(Lepper et al., 1999). 가령, Cameron과 Pierce(1994)는 경제적 보상이 내재적 동기를 감소시키지 않으며 칭찬 등의 외재적 요소들은 내재적 동기를 오히려 증가시킨다는 메타분석 결과를 제시했고, 반면, Deci와 동료들(1999)은 또다른 메타분석을 실시하여 모든 방식의 보상(활동에 기반한 보상, 완성에 기반한 보상, 그리고 성과에 기반한 보상)과 모든 유형의 보상(실제 지급된 보상, 기대되는 보상)이 업무에 대한 흥미를 감소시킨다는 결과를 내놨다. 그런데 이러한 논쟁은 기본적으로 동기를 바라보는 학자들 각자의 본연의 시각을 반영하고 있기 때문에 굳이 누가 옳다는 식의 논의를 하기는 어렵다. 하지만, 이러한 논의들은 표면적으로 들리는 것과는 달리 실무적 시사점, 특히 관리자들의 역할에 매우 도움이 되는 주장을 담고 있는데, 이에 대해서는 조금 후에 설명하겠다.

■3 외재적 동기와 내재적 동기의 단계성

자기결정이론은 인지적 평가이론을 구축한 학자들이 보다 폭넓으면서도 조금 다른 시각에서 내재적 동기를 강조한 이론이다. 이 이론은 동기부여 분야에 가장 최근에 등장한 이론 중 하나로 요즘 동기부여 연구에서 가장 활발하게 활용되는 이론이기도 하다. 아마 21세기를 대표하는 동기 이론이라고 해도 과언이 아닐 듯 싶다.

자기결정이론은 다른 내재적 동기 이론인 2요인이론이나 직무특성이론과는 접근 방식이 다르다. 새로운 것을 추구하고 자신의 역량을 발휘하면서 지속적으로 탐구하고 배우려는 자세의 내재적 동기를 인간의 본성적인 특성으로 보기 때문이다. 즉, 직무특성이론이 작업 환경이 동기를 창출한다는 시각이라면, 자기결정이론은 환경적 요소들이 내재적 동기를 야기하는 것이 아니라, 인간의 타고난, 내면에 내재된 동기 성향을 발현시키는 역할만을 하는 것으로 본다(Ryan & Deci, 2000). 인간의 본성에는 호기심을 품고 스스로 동기를 부여하는 측면이 있는데, 어떤 환경에서는 이런 본성이 잘 발휘되어 내재적 동기로 나타난다는 주장이다. 그리고 그 핵심에는 인간이 타고난 세 유형의 욕구인 능력(competency)과 자율성(autonomy), 관계성(relatedness)이 존재하는데, 이 세 유형의 욕구가 충족되는 환경에서 자기결정감이 발휘된다는 것이 이 이론의 관점이다.

　이 이론에 따르면, 관리자들은 능력에 대한 욕구를 충족시키기 위해 적절한 코칭을 제공하고 교육훈련 및 개발 프로그램을 활성화해야 하는 한편, 자율성 욕구를 충족시키기 위해서는 스스로 결정할 수 있는 방식으로 구성원들을 관리하여 업무를 유의미하고 흥미롭게 느끼게 하는 것, 그리고 직장에서 대인관계를 돈독하게 하여 가족 같은 대인관계가 형성될 수 있도록 해야 한다. 결론적으로 말하면, 인간의 성장 및 사회적 관계 개발, 그리고 웰빙을 극대화할 수 있는 인간의 자연스러운 본성을 발현시키는 환경의 중요성을 부각시킨 것이다(Ryan & Deci, 2000).

　자기결정이론을 조금 더 깊이 있게 살펴보면, 이 이론은 동기와 관련한 전체적인 그림을 그려주고 있다는 걸 알 수 있다. 이 이론은 조직에서 제공하는 가치를 받아들여 내재화하는 정도(internalization)와 그 가치를 자신의 것으로 변환시키는 정도(integration)에 따라 외재적 동기가 갖는 여러 단계의 효과를 구분해서 설명한다. 〈그림 8〉이 보여주는 바와 같이 동기는, 전체적으로는 동기가 없는 상태(amotivation)에서부터 내재적 동기의 단계까지 6단계가 존재한다. 이러한 개념화의 특징은 외재적 동기를 금전적 보상의 효과 같이 단순하게만 보아서는 안되며 외재적 동기도 상황에 따라 그 효과가 네 단계로 다르게 나타난다고 설명하는 점이다.

그림 8 ㅣ 자기결정감 이론이 제시하는 동기들의 관계

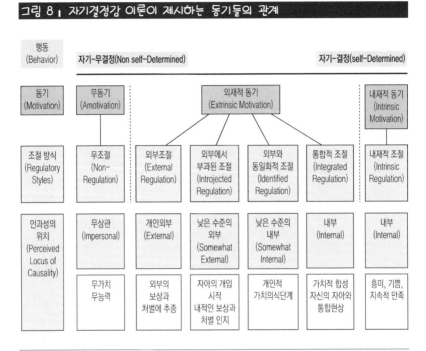

출처: Ryan, R. & Deci, E. (2000) Self-determination theory and the facilitation of intrinsic motivation, social development, and well-being. *American Psychologist*. 55. 72쪽.

〈그림 8〉에서 보면 외재적 동기의 첫 번째 행동인 외적 조절(external regulation)은 자율성(autonomy)이 전혀 없는 상태인 반면, 부과된 조절(introjected regulation)의 경우에는 외부요소에 의해 발생한 행동에 자율성이 부분적으로 가미된 것이다. 죄의식에서 벗어나고자, 또는 자신의 능력을 과시하고자 보이는 행동이 그런 예인데, 이 행동들은 행동의 원인이 외부에 있기 때문에 완전히 자발적인 행동으로는 보기 어렵다. 세 번째 행동인 동일화(identification)는 외부에서 제시되는 행동의 목표를 받아들이거나 중요한 것으로 보는 행동들이며, 네 번째의 통합(integration)은 외재적으로 동기를 부여받기는 했지만 자신이 기존에 품고 있는 다른

가치나 욕구들과 일치되기 때문에 보이는 행동들이다. 저자들은 통합 수준에서의 외재적 동기는 내재적 동기와 유사한 점이 많다고 설명하면서, 다만 차이가 있다면 행동 자체의 기쁨보다는 다른 목적을 달성하는 데 활용되기 위하여 행동이 도구로 활용되는 점이라고 설명한다.

이런 다소 복잡한 설명은 다분히 개념적인 측면이 강하다. 하지만, 기존의 내재적 동기 아니면 외재적 동기라는 이분법적인 논의에서 진일보하였다는 점에서, 그리고 자율성이라는 개념을 축으로 삼고 외재적 동기를 보다 구체적으로 세분화해서 분석했다는 점에서는 큰 의의가 있다. 그리고 통합의 경우처럼 자율성이 가미된 외재적 동기가 성과 향상이나 학습효과를 증진시킨다는 지적이 외재적 동기의 긍정적 효과를 지지한다는 점에서, 인지적 평가이론이 외재적 동기의 부정적인 효과에만 초점을 두었던 점에 비해 진일보한 주장으로 해석된다. 현실적으로도 외재적 동기가 내재적 동기를 대체한다거나 외재적 동기는 동기 효과가 없다는 식의 단순한 주장은 명쾌하기는 해도 현실적으로 비판받을 수밖에 없기 때문에 이와 같이 외재적 동기가 갖는 다양한 효과를 단계별로 설명한 것은 의미가 매우 크다고 하겠다.

■4 외재적 동기의 내재적 동기 대체 효과는 실무적 시사점이 높다!

지금까지 대표적인 심리학 이론인 인지적 평가이론과 자기결정이론의 핵심적인 내용들에 대하여 살펴보았다. 이제는 이들 이론이 갖는 관리적 시사점에 대하여 집중적으로 설명하고자 한다. 표면적인 내용만 봐서는 현실적인 시사점이 없다고 가장 큰 오해를 받는 이론이 인지적 평가이론이다. 하지만 인지적 평가이론은 경영학적 함의가 매우 큰 이론이다. 무엇보다도 정리해고나 성과급제 같은 관리 방식들에 내포된 잠재적 위험성을 매우 타당하면서도 설득력 있게 경고하고 있다. 실제로 현장의 관리자들은 이런 지적을 한다. "주어진 짧은 시간 동안 결과를 창출해야 하는데 어느 세월에 팀원들이 업무에 대한 관심을 갖고 일을 하기를 바라겠느냐?… 나는 팀원들이 반드시 업무에 대한 관심을 갖고 일을 하기를 기대하지는 않는다. 따라서 외재적 보상으로 동기를 부여하는 것이 내재적 동기가 없더라도 일을 지속적으로 하게 만드는 데 무슨 문제가 있느냐?…" 물론 맞는 말이다. 외재적 보상을 지속적으로 제공할 수 있는 상황이라면, 또는 외재적 보상 규모를 점점 증가시킬 수 있는 자원이 풍족한 상황이라면 외재적 동기만으로도 원하는 행동을 구성원들이 계속하게끔 관리할 수 있다.

그러나 그렇게 복 받은 기업은 현실에는 없다. 좋은 전략을 구축하고, 선의를 갖고 성심껏 노력하더라도, 환경 변화와 기술 발전 등의 이유 때문에 현금흐름이 원활하지 않을 위험에서 자유로운 기업은 세상에 없다. 매출이 떨어지는 것은 아니더라도 새로 포착한 기회에 투자하는 등의 이유로 내부적인 현금흐름이 원활하지 않을 수 있고, 조직 관리 역량이 출중하더라도 환율 변동 같은 지극히 외부적인 이유 때문에 현금흐름에 문제가 있을 수도 있다. 이런 일이 벌어질 때, 그러니까 평상시에 외재적 동기만으로 관리해 온 조직에서 더 이상의 외재적 보상을 주지 못할 때, 조직은 구성원들에게 동기를 부여하기 어려운 상황에 당면하게 된다. 즉, 직원들이 열심히 일하는 행동의 원인이 외재적 동기로 대체된 이후에 외재적 동기 요소가 감소하게 되었을 때, 행동도 같이 감소하며, 더 심각하게는 이러한 상황에서 우수한 직원일수록 이직할 확률이 크다. 조직이 어려움에 당면할 것 같으니 재빠르게 이직을 하는 구성원들은 구성원의 성격이나 인성에서 비롯된 문제가 아니라, 조직이 평상시에 조직 관리를 그렇게 외재적 평가 보상 위주로 관리해왔기 때문인 것이다. 즉 평상시에 내재적 동기가 대체되게 관리한 자업자득인 것이다.

따라서 인지적 평가이론이 주는 관리적 시사점을 "금전적 보상에는 동기를 부여하는 효과가 있는가, 없는가?", "그러면 금전적 보상을 하지 말라는 애기인가?"에 두는 것은 적절하지 않다. 오히려, 평가 보상과 같은 방식을 사용하지 않는 조직은 없기 때문에 현실적으로 외재적 동기가 발생하는 경우의 그 강렬한 대체 효과에 관심을 가져야 한다는 것이 시사점이다. 외재적 요소의 효과는 매우 강렬하여 구성원들의 내재적 동기를 대체할 위험이 크기 때문에 이에 대비하여 조직은 평상시 관리에 특히 신경을 써야 한다는 점이 포인트이다. 금전적 보상과 더불어 가장 강력한 외재적 동기가 고용 안정인데, 아래의 정리해고 사례를 통하여 그러한 포인트를 살펴보자.

… 정리해고가 생존자들의 태도에 미치는 영향은 매우 크며 결코 단순하지 않다… 회사는 정리해고 후 분위기를 쇄신하여 구성원들이 업무에 몰두하기를 원하고, 실제로 표면상으로는 그런 효과를 거두는 것 같다. 하지만 정리해고가 단행된 후, 생존자들은 일 자체에 몰두한다기보다는 다음번 정리해고자 명단에 포함되지 않기 위해, 즉 고용의 안정 때문에 일을 열심히 하려 한다. 따라서 생존자들이 일 자체에 흥미를 갖고 몰입하기는 어려운 상황이다…

이 사례에서 "그러니까 정리해고를 해서는 안 된다?"라는 의문은 아무 의미가 없다. 정리해고는 기업의 전략적 차원에서 결정되는 것으로, 일선 관리자나 팀장이 개입할 여지가 현실적으로 없기 때문이다. 하지만 정리해고로 인하여 생존자들의 내재적 동기가 대체될 수 있다는 주장은 매우 설득력있다. 따라서 인지적 평가이론이 갖는 실무적 시사점은 정리해고나 성과급제가 위험하니 해서는 안된다라는 점이 아니고, 성과급제나 정리해고가 실행될 경우 그 제도가 발휘하는 강력한 영향력 때문에 구성원들의 내재적 동기가 대체될 수 있다는 것을 인지하고, 관리자들의 역할은 구성원들의 사라져가는 내재적 동기를 다시 불러일으킬 수 있도록 노력하는 것이어야 한다는 점에서 찾아야 한다. 다시 말하면, 성과급제나 정리해고가 시행된 이후, 관리자들은 구성원들의 업무를 다시 한 번 살펴보면서 업무 수행에서 불안감을 느끼지 않는지 또는 관심이 멀어져가는 상황은 아닌지 점검하고, 너무 단조롭거나 지루한 업무는 아닌지 확인하며, 업무의 책임감과 권한을 증가시키는 방향으로 직무 구조를 개선하도록 노력하여야 한다. 또한 가능할 경우에는 구성원들의 역량을 증가시킬 수 있도록 조언하고 교육 및 개발 프로그램에 참여할 기회를 주는 방향으로 구성원들의 내재적 관리를 강화하여야 한다는 것이다. 그렇게 함으로써 대체된 내재적 동기가 다시 불붙을 수 있도록 노력해야 한다. 성과급제나 정리해고 같은 외재적 기제들이 없는 조직은 현실에 존재하지 않기 때문에, 자꾸만 대체되고 축소되어 가는 내재적 동기를 적절하게 북돋아줘야 하는 관리자들의 역할이 더 중요해지고 있다.

■5 '자기결정감'과 '관계성'의 중요성

자기결정이론은 21세기 들어서도 매우 활발한 연구가 이루어지고 있다. 앞서 설명했다시피, 자기결정이론은 개인들이 타고나는 측면에 대해 논의하고 있는데, 이 이론이 가장 강조하는 개념을 굳이 하나 든다면 자율성으로, 내재적 동기는 자율성이 발휘되는 동기이다(Deci et al., 2017). 즉, 구성원들은 자율성이 충족되는 상황에서 업무에 몰두하게 되는 것이다. 이러한 점에서는 2요인이론이나 직무특성이론의 주장과 맥을 같이 한다. 그런데, 자기결정이론이 내재적 동기 이론이면서 독특한 점은 관계성에 대한 강조이다. 즉, 상사와의 관계를 포함하는 대인관계적 개념은 내재적 특성은 아니지만 관리적인 시사점이 크다. 즉, 학생들의 학업에 대한 내재적 동기를 유지관리하기 위해서 부모나 선생이 지원적인 관계를 구축해야 하는 것이 매우 중요한 것처럼, 상사 및 리더와 지원적이고 효과적인 관계가 구축되어야 구성원들의 직무에 대한 열정이 유지될 수 있는 것이다. 이와 같이 관계성은 외재적 요소였지만, 내재적 동기를 증가시키는 데에 중요한 요소로 간주했다는 점에서 업무 특성이나 자율적 의사결정권만에 초점을 두었던 기존의 내재적 이론들에서 진일보한 것으로 평가될 수 있다.

■6 **인지적 평가이론과 자기결정이론의 한계점**

인지적 평가이론이나 자기결정이론을 현실에 적용하는 데 있어 한계로 작용하는 점을 하나 지적하고자 한다. 내재적 동기 욕구를 인간의 본성으로 전제한다는 점이 바로 그것이다. 이런 한계점은 이 이론가들이 보는 인간관과 관련이 있는데, 이 이론을 주장하는 학자들은 어린아이들이 보여주는 자연스러운 호기심은 타고난 것이지만, 부모나 선생님들의 훈육과 잘못된 지도로 그러한 호기심이 사라져 버린다고 본다. 즉, 이들은 자연스러운 상태, 즉 아무런 간섭도 받지 않는 상태에서 모든 인간은 내재적 동기를 갖고 있다는 것이다(Deci & Flaste, 1995). 그렇기 때문에 인지적 평가이론의 논리도 내재적 동기가 있는 구성원들의 경우에 한정되며, 업무에 매력을 느끼지 못하는 구성원들 또는 내재적 관심이 없는 지루한 행동들의 경우에는 그 이론의 논리가 적용되지 않는다(Ryan & Deci, 2000).

이런 '선한' 전제는 심리학적으로는 타당성을 가질 수 있다. 그렇지만, 조직에서 직장인들이 갖는 업무 관련 태도에 대한 이해로 바로 이어지기에는 부적절하다. 물론 조직에서도 업무에 내재적 동기를 갖는 사람들이 많겠지만, 모두가 그런 것은 아니며, 또한 현재 특정 업무에서 내재적 동기를 갖는 구성원이 다른 업무에서도 반드시 그런 것은 아니다. 즉, 내재적 동기를 구성원의 타고난 특성으로 전제할 수가 없는 것이다. 따라서 내재적 동기가 현실의 다양한 작업장에서도 만족감이나 성과의 향상에 유의적인 효과를 가져온다는 저자들의 주장(Deci et al., 2017)에 공감하더라도, 모든 구성원이 타고난 내재적 동기를 보유하는 것은 아니기 때문에 내재적 동기 자체가 미비한 구성원들에게 당장 시급한 관리 방식은 어떤 것인지, 그들에게 어떻게 내재적 동기를 부여할 것인지에 대한 적절한 답을 제공하지 못한다는 아쉬움이 있다.

나. 경제적 보상을 통한 동기

많은 직장인들이 "가족을 위해 열심히 일한다"고 말한다. 일 자체가 아니더라도, 일을 함으로써 획득하게 되는 경제적 요소도 강한 동기부여 효과를 갖는다. 이런 경우, 일은 최종 결과물을 획득하기 위한 도구로 평가되는데, 일을 통해 획득하는 대상은 반드시 금전적인 형태로 받게 되는 임금만을 의미하는 것이 아니라, 승진, 고용 안정, 복지제도 등 직무 이외의 폭넓은 요소들을 전체적으로 아우른다. 일 이외의 요소들에서 비롯되는 이런 동기를 외재적 동기(extrinsic motivation)라 정의한다. 흔히 외재적 동기의 효과를 단순하게 취급하면서, 임금 수준이 높으면, 또는 승진하면 저절로 동기부여 효과가 발생하는 것으로 편하게 생각하는 경우가 많다. 하지만, 외재적 동기가 일으키는 효과는 그렇게 단순하지 않으며, 임금이나 고용 안정 같은 외재적 요소들의 경우에도 구성원들의 심리적 측면의 변화를 포함한 다각적인 고민이 필요하다. 이번 장에서는 외재적 동기에 관한 네 개의 대표적인 이론, 즉 과학적 관리, 기대이론, 공정성이론, 대리인이론에 대해 살펴보겠다.

(1) '효율성 제고'를 위한 경제적 보상[2]

■1 배경

생산 효율을 제고하기 위한 수단으로서 임금이 갖는 효과에 초점을 맞춘 시각이 Frederick Taylor가 제시한 과학적 관리(scientific management)다. Taylor는 1911년에 『과학적 관리의 원칙(The Principles of Scientific Management)』이라는 저서를 집필하면서 근대 경영학의 서막을 연 인물로 평가된다. 그는 이 책을 통해 산업혁명 이후에 급변한 생산양식에 적응

---

2 장은미 (2002) "Taylor의 과학적 관리에 대한 재고찰" *HR Professional*, 1, 58~65쪽 내용을 포함함.

하지 못하고 갈팡질팡하는 관리 방식 및 노사관계에 돌파구를 제시하고
자 했다. 산업혁명 이전의 소규모 생산방식인 가내수공업 제도에서는
'솔선과 격려의 관리'에 의거한 관리, 즉 구성원들이 최고 수준으로 솔
선하여 일하고 그 보답으로 고용주로부터 격려를 받는 원칙에 기초했다.
그런데 이런 관리방식은 작업자 단위가 크지 않았던 생산방식에서는
효과적이었을 수 있지만, 대량생산을 위해 모인 다수의 작업자가 철저
한 분업에 의거해 작업하는 상황에서는 많은 혼란과 갈등을 야기했다.
Taylor는 분업에 의거한 대량생산체제에 적합한 과학적 관리방식을 고
안하는 것으로 그런 문제들을 해결하고자 했다.

    Taylor의 과학적 관리에 대한 평가는 극단적으로 엇갈린다. 비판적
인 시각에서는 노동자들을 조립라인의 나사못처럼 취급함으로써 노동자
들의 탈인간화 현상(dehumanization)을 야기했다고 보는 반면, 긍정적인
시각에서는 주먹구구식이나 시행착오에 기초했던 당시의 인력 및 조직
관리를 개선해 계획적이고 체계적으로 관리하려고 시도했다는 점에서
근대적 경영 및 관리방식의 출발점으로 평가하기도 한다.

    그의 이론에 대한 찬반 여부와는 별개로, 그가 시작했던 시간연구
나 직무분석, 차별성과급제 같은 논의는 미국의 직무 위주 관리방식의
뿌리가 되었을 뿐 아니라 우리나라 기업들의 관리방식에도 큰 영향을
미치고 있다. 1990년대부터 직무분석이나 성과급제가 우리 기업들에게
도 대대적으로 도입되었을 뿐 아니라 요즘은 선발제도도 직무에 기반한
상시채용이 증가하고 있어서 과학적 관리에서 시작된 미국식 관리 방식
을 많이 닮아가고 있는 모양새다. 과학적 관리의 시각은 인적자원관리
의 폭넓은 내용을 담고 있는데, 여기서는 그 내용들을 전체적으로 아우
르기보다는, 구성원의 동기 및 행동이라는 구체적 주제에 초점을 맞춰
논의해보고자 한다. Taylor의 철학과 사상에 대한 보다 깊이 있는 논의
를 보고 싶다면 Nyland와 동료들의 논문(2014) 등을 참고하기 바란다.

■2 Taylor식의 경제적 동기

동기를 바라보는 과학적 관리의 시각을 설명하려면, 당시의 작업 상황에 대한 논의가 필요하다. 첫째, Taylor는 구성원들이 수행하는 직무의 각 요소를 관리하는 과거의 주먹구구식 방법을 대신할 과학적인 방식이 필요하다는 점을 지적했다. 그에게 '과학'이라는 것은 개별 구성원의 경험 및 주관적인 판단을 대체할 객관적인 원칙 및 공식의 개발을 의미했고, 경영자가 제시하는 원칙과 법칙에 따라 관리자가 감독하는 가운데 노동자가 업무를 수행하는 것을 의미했다. 이전의 관리방식에서는 구성원 스스로가 업무 분야를 선택하고 훈련하는 역할을 해야 했다면, 과학적 관리에서는 회사가 과학적인 방식으로 선발한 구성원이 각 업무 분야에서 최고 수준으로 성과를 낼 수 있도록 나머지 구성원을 훈련시키고 개발하는 역할을 해야 한다.

이런 주장의 기반에는 경영진과 구성원 사이의 철저한 업무 분담이 있다. 과거에는 대부분의 업무 수행과 책임이 숙련노동자들의 솔선 수범에 기반하고 있었는데, 과학적 관리에 의하면 철저한 업무 분배를 통해 경영자와 구성원들이 각각 자신들이 잘 할 수 있는 업무를 맡게 된다. Taylor는 이런 업무 분배를 "노사간 책임과 업무의 거의 균등한 분담"이라고 설명했지만, 그 내막을 보면 데이터를 수집하고 활용하는, 그리고 업무를 계획하고 통제하는 이른바 '생각'을 필요로 하는 역할은 모두 경영진이 가져가고, 구성원들은 단순히 지시에 따라 육체적 실행만을 하게 되는 방식의 분업이라는 점에 큰 문제가 있다. 이런 방식의 분업은 숙련노동자들의 경험이나 판단도 완전히 무시하기 때문에, 결과적으로 노동자들을 철저하게 비인간화시키는 결과를 낳게 되는 것이다.

Taylor의 경제적 동기는 이러한 상황에 걸맞게 자리잡았다. 그래서 '고전적' 의미의 경제적 동기라고 표현하고자 하는데, 그 이유는 심리학에 기반한 외재적 동기이론들이 경제적 보상으로 인해서 발생하는 심리적인 측면의 변화에 초점을 둔다면 과학적 관리는 단순히 생산성의 극대화를 추구하는 과정에서 경제적 보상의 수준에만 초점을 두기 때문이다. 과학적 관리는 구성원들의 심리상태를 고려하는 것 자체를 과학적이지 않은 것으로 여겼기 때문에, 철저한 업무 분담에 기초해서 작업 라인의 효율을 극대화하기 위한 임금 액수의 증가에만 초점을 맞췄다.

이런 시각은 Taylor가 고안한 독특한 보상방식으로 평가되는 '차별성과급제'에서 잘 드러난다. Taylor는 생산량에 기초해 보상이 이뤄지는 일반적인 성과급제는, 특히 우수한 인력들을 대상으로는 동기부여 효과가 없다고 판단했다. 따라서 보통 수준의 작업역량을 가진 노동자에게 성과급으로 생산성을 제고함과 동시에, 정말로 특출하게 우수한 노동자에게는 임금 수준을 대폭적으로 증가시켜 남은 여력까지 노력하게 만든다는 것이 차별적인 성과급제의 내용이다. 이런 방식을 통해 생산성을 극대화할 수 있다고 보았다.

그림 9 ┃ 차별성과급제

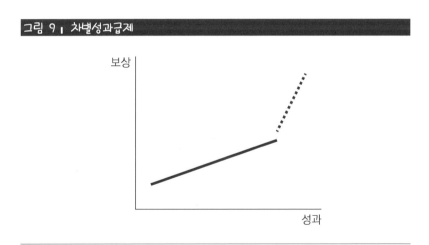

이러한 차별성과급제는 다음의 사례와 더불어 생각을 하면 더욱 와 닿는다.

… 마침내 우리는 가장 적합해 보이는 한 사람을 선발하였다. 슈미트라
는 이름의 이 사람은 갓 이민온 네덜란드계였는데 저녁에 일을 끝내고
돌아갈 때면 약 1~2마일 거리를 아침에 출근할 때와 거의 다름없이 가
볍게 뛰면서 돌아가는 사람이었다. 일단 1.15달러에 불과한 임금을 저축
하여 조그만 땅을 샀으며 아침 출근 전과 저녁 퇴근 후에는 혼자서 자기
집의 벽을 벽돌로 쌓는 일을 하였다. 우리는 슈미트로 하여금 하루에 47
톤의 선철을 나르도록 하였고 다음과 같은 대화를 하였다.

"슈미트씨, 당신은 일당 1.85달러의 높은 임금을 받을 일류작업자입니
까?" "하루에 1.85달러를 벌고 싶냐구요? 저는 일류작업자가 되고 싶습
니다." … "저 선철더미와 화차가 보이지요? 당신이 저만큼의 선철더미를
일년내내 실어 나를 수만 있다면 매일 1.85달러를 벌 수 있습니다… 한
가지 조건이 있습니다. 당신은 아침부터 저녁까지 지시받은 대로만 움직
여야 함을 명심하여야 합니다. 즉 일류작업자는 지시받은 대로만 일해야
하고 반문해서도 안됩니다. 알겠어요?" 이 이야기가 너무 거칠게 보일지
모른다. 하지만 그러한 방식으로 그의 관심을 그가 바라는 높은 임금에
집중시킬 수 있었고 그 일이 엄청나게 힘들다는 것을 멀리하게 해주었다.

Taylor, F. 「*The Principles of & Scientific Management*」
(박진우 역, 과학적 관리의 원칙) 중에서

Taylor가 주장한 경제적 동기는 직무를 가능한 단순하고 작은 요소
로 쪼개 분업화하는 관리방식이 활용되는 상황에서 가장 적합한 동기이
다. 즉, 분업화 방식에서 특출나게 우수한 노동자들을 동기부여하기 위
함인데, 일반적인 성과급제의 적용 시에 충분히 작동되지 않을 수 있는
우수 자원을 효과적으로 활용한다는 시각에서는 분명 의미가 있지만,
슈미트와 같은 우수 노동자의 머리나 경험은 전혀 고려하지 않고 그가
높은 임금만을 생각하게 하면서 육체적으로 실행하게 만드는 모양새라
는 한계를 갖는 것이다.

경영학사에서 가장 전통적인 성공 모델로 회자되는 포드자동차의 모델 T가 Taylor식의 관리방식이 작동된 사례이다. 모델 T는 대량생산체제로 성공한 최초의 상품이다. 포드자동차의 창업자는 자동차에 관심이 있는 모든 사람들이 자동차를 구매할 수 있도록 하겠다는 비전을 품었다고 한다. 그러기 위해서는 최대한 낮은 가격으로 판매하여야 하며 이를 위해서는 제조원가를 최대한 낮추어야 했다. 이를 위하여 Taylor방식의 철저한 분업의 조립라인에 기반한 대량생산체제를 활용하여 성공을 거두었다. 자료에 의하면, 이전에 12시간이었던 자동차 생산시간을 90분 남짓으로 줄였고 시장점유율이 50%를 넘는 엄청난 성과를 거뒀다. 하지만 이러한 상황에서 인간관리의 핵심 축이었던 효율성에 기반한 경제적 동기는 인간적인 측면에서는 많은 부작용을 야기하면서 노사관계가 적대적으로 형성되고 노동자들의 불만족이나 이직을 증가시키는 결과도 초래했다(Parker et al., 2017). 결국, Taylor식의 경제적 동기는 근로자들의 대부분이 생산직 육체노동자였고, 나이가 어리거나 여성 같은 소수자, 그리고 높은 문맹률을 보이는 노동자들이 대부분이었던 20세기 초반의 상황에서 지배적이었던 통제(control)와 효율성(efficiency)의 패러다임 내에서 효과적이었다는 점을 분명히 인식해야 할 것이다(Oldman & Hackman, 2010).

■3 Taylor 방식에 대해 엇갈리는 평가들

과학적 관리에 대한 평가는 첨예하게 대립된다. Hawthorne 실험에 기초한 인간관계론이나 이 책에서 기술한 목표설정이론을 제외한 대부분의 심리학에 기초한 이론들은 Taylor 방식에 대한 비판적인 입장을 견지한다. 즉, 그의 방법론에 생각하고 느끼는 인간으로서의 노동자들은 존재하지 않았던 것이다. 하지만 앞서 설명했던 것처럼, Taylor의 과학적 관리는 그 당시에 팽배했던, 경험에 입각한 주먹구구식, 그리고 주관적인 관리방식의 문제점에 대한 합리적인 해결책을 제시했다는 평가도 가능하며 직무에 기반한 Taylor의 시각은 오늘날에도 지대한 영향력을 발휘하고 있다.

아이러니컬하게도 그의 통찰력은 요즈음 구성원 관리의 핵심을 꿰뚫고 있다. 예를 들어, 그의 저서에서 Taylor는 이런 지적을 했다. "일에 최선을 다하도록 종업원을 고무하기 위해 보상수단을 효과적으로 활용하려면, 일을 마친 후에 즉시 지급해야 한다. 일주일, 또는 한 달 뒤에 받을 보수를 위해 열심히 일하는 사람은 아주 드물다." 요즘의 성과급제나 연봉제 업무환경에서 행동 개선이나 성과 향상을 위해 즉각적인 피드백의 중요성이 강조되는데 Taylor는 이러한 사고를 100년 전에 이미 했던 것이다. 이런 측면에서 목표설정 이론가인 Edwin Locke는 과학적 관리는 관리의 역사에서 일어난 '정신적 혁명'이라고 설명한다. Taylor가 주장했던 시간연구, 업무 표준화, 경제적 동기부여, 객관적 선발, 경영자들의 노동자 교육 의무 같은 주장은 요즘에도 매우 타당한 내용이고, 특히 Taylor가 강조하였던 '과업 난이도' 개념이 '목표의 어려움'이라는 개념을 구성하여 목표설정이론의 기반이 되었을 뿐 아니라 전 세계적으로 광범위하게 활용되는 관리방식인 목표에 의한 관리(MBO, management by objectives)의 초석이 되었다는 점을 강조한다(Locke, 1982).

Taylor는 '구성원들이 더 행복해지고 부유해지도록 관리되는 상황'을 꿈꾸었다. Taylor가 꿈꾸는 세상은 경제적 임금이라는 것이 단순히 주어진 파이조각을 나누어 가지는 것을 넘어, 효율적인 관리를 통해 파이의 크기를 키움으로써 조직도 구성원도 모두 행복해지는 세상이었다(Locke, 1982). Taylor의 저서를 읽다 보면 노동자들이 경영진의 특별한 주의와 관심의 대상이라는 점이 강조되며, 특히 노동자들이 자신에게 무언가 잘못되면 의지할 수 있는 사람이 경영진 가운데 있다는 점을 인지할 수 있어야 한다고 설명한 것을 보더라도 그가 노동자들에 대한 배려적인 면이나 심리적인 면을 완전히 배제하지는 않았다는 것을 알 수 있지만, 그런 모든 내용은 그가 관리에 있어서 노동자들을 경영진에 종속적인 존재로 간주했다는 사실에 묻혀버릴 수밖에 없다.

그의 사상은 경영자들이 모든 작업 방식 및 행동을 계량화할 수 있다는 효율성의 논리를 중시했고, 노동자들은 "지시받은 대로만 열심히 수행하면 좋은 보상이 주어질 것"이라는 근본적인 믿음에 기초하고 있었기 때문에, 구성원들로부터 생각하고 판단할 수 있는 역량을 완전히 빼앗아버리게 됐다. Taylor의 세계에서 노동자에게 기대되는 최대한의 역할은 회사의 이윤 창출에 공헌하고 그 대가로 회사가 지불하는 금액을 기꺼이 받을 때 가장 행복해하는 지극히 수동적인 역할로만 설정돼 있다. 이러한 시각은 구성원들에 대한 철저한 통제에 기초하기에 통제형 관리 및 인간관으로 분류된다. 그런 한계를 감수하더라도, 고전 경영학자로서 Taylor가 갖는 기본적인 가치는 중요하며, 그의 사상은 분명 현대에도 귀감이 되는 면이 있다. 그의 고민이 '과학적 관리로의 전환은 작업 속도에 대한 연구나 공구와 연장의 개조'를 포함할 뿐 아니라 크게는 '일과 고용주에 대한 노동자들의 마음 자세'에 있어서 일대 전환까지를 포함하였기 때문이다.

　　Taylor의 과학적 관리를 생각하면 할수록 학생 교육을 떠올리게 된다. 학생 교육은 초·중·고등학교와 대학교 등의 단계를 거치며, 각 단계에 따라 교육내용과 방식, 교사의 역할 등이 변화한다. 하지만, 분명한 것은 기초적인 초중고 교육이 자리 잡은 이후에야 고등교육이 제대로 행해질 수 있다는 점이다. Taylor가 살았던 시기는 여러 가지 측면에서 초등교육과 같은 환경이었다. 계량적인 생산성 극대화라는 단일의 목표가 모든 것을 지배하였으며 구성원들의 의견이 효과적으로 반영되기에는 인적자원의 역량이나 기술적인 환경이 무르익지 않은 상황이었던 것이다. 하지만 그런 상황에서 성장한 과학적 관리 시각이 환경 및 인적자원의 변화와 더불어 성장하여 마침내 오늘날의 자율 경영의 나무로 성장하였다고 본다. 따라서, Taylor식의 경제적 동기 관리를 요즘의 구성원들에게 그대로 적용하기는 어렵지만, 그로부터 시작된 체계적 관리에 대한 고민이 요즘의 관리방식으로 성장해오는 것을 가능하게 해줬다는 사실만큼은 분명하다.

(2) '기대감'과 '도구성' 효과

■1 배경

기대이론(expectancy theory)은 예일대학의 교수였던 Victor Vroom이 구축한 이론이다. 기대이론이 강조하는 기대감(expectancy)이나 도구성 (instrumentality)과 같은 개념들은 반드시 경제적 동기로만 인해 생겨나는 것만은 아니지만, 많은 경우 성과나 임금과 같은 같은 가시적인 대상을 통하여 주로 발생하는 특성이 있기 때문에 이 이론은 대표적인 외재적 동기 이론으로 구분된다.

기대이론은 최적안의 선택에 기반하는 외재적 동기이론이면서도, 동시에 구성원들의 예측적 만족감이라는 정서적인 측면을 포함하기 때문에 인지적인 측면(cognitive)과 정서적인 측면(affective)을 통합한다는 점에서 독특하다. 즉, 내재적 동기이론들이 업무수행자가 일에서 느끼는 만족감 같은 요소에 전적으로 초점을 맞추었고 다음 장에서 설명할 인지적 정보처리적인 접근들이 만족감이라는 정서적인 측면을 철저하게 배제하고자 하였다면, 기대이론은 합리적 모형에 의거해 자신의 이해를 극대화한다는 논거에 기초하면서도 특정 대안을 선택했을 때 발생하는 만족감을 주요 변수로 포함하고 있다는 점은 독특하다.

또한 그 시점에 있어서도 임금을 받은 이후의 '경험'의 측면이 아닌 임금에 대한 '기대'로 인해 발생하는 효과를 예측하는 데에 초점을 맞추는 것도 기대이론의 특징이다. 활용 범위에 있어서, 동기부여이론으로서 기대이론은 두 개 이상의 대안 중 하나를 선택하는 경우에 적용되는 설명에서 시작되었지만, 이후 연구들에서는 주어진 작업 상황에서 어느 정도의 노력을 기울일 것인가를 논의하는 방향으로 폭넓게 활용되었다.

■2 기대감, 도구성, 유의성에 의거한 총 유인력

기대이론은 〈그림 10〉에서 소개하는 두 과정, 즉 노력이 성과(또는

1차 성과)로 이어지는 과정과 성과가 최종 결과로 이어지는 과정을 설명한다.

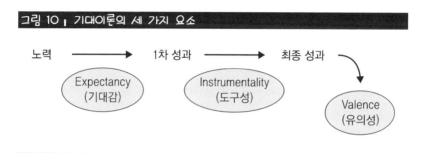

그림 10 | 기대이론의 세 가지 요소

노력 ⟶ 1차 성과 ⟶ 최종 성과

Expectancy (기대감)

Instrumentality (도구성)

Valence (유의성)

　기대감(expectancy)은 자신이 노력을 기울인다면 1차 성과를 획득하게 될 것이라는 믿음 또는 자신감을 뜻한다. 이것은 확률적인 개념으로, 0과 1 사이의 값을 갖는다. 0은 아무리 노력해도 1차 성과를 내기 어려울 것 같다는 믿음이며, 1은 노력만 한다면 반드시 목표를 달성할 수 있다는 자신감을 의미한다. 다음으로, 도구성(instrumentality)은 1차 성과가 최종 결과(outcome)의 획득에 기여하는 정도에 대한 인지이다. 도구성은 확률과 유사한 개념이기는 하지만 계량적으로 −1과 +1 사이의 값을 갖는다는 점에서 확률은 아니다. −1의 기대감은 1차 성과를 거둘 경우에는 원하는 최종 결과를 절대로 얻기 어렵다는 인지(시험에서 0점을 받는 성과는 A+ 학점이라는 최종 성과를 얻는데 거의 −1의 기여를 한다고 볼 수 있다)를 의미하고, +1은 반대로 1차 성과를 얻을 경우 원하는 최종 결과를 반드시 얻게 되는 경우를 의미한다. 마지막으로, 유의성(valence)은 원하는 최종 결과를 얻을 경우에 갖게 될 예측적 만족감을 의미한다. 이는 정도를 의미하는 개념으로 계량적으로 정수의 값, 즉 −n부터 +n 사이의 값을 갖는다.

　기대감과 도구성, 유의성이라는 세 요소는 모두 실제 특정 행동을 보이기 이전에 형성되는 요소들이다. 그런데 기대이론은 이 세 요소들이 상호 독립적으로 작동한다고 본다. 즉, 자신감이 높다고 해서 도구성이나 유의성이 높아지는 것이 아니며, 유의성이 높다고 해서 자신감이 생겨나는 것도 아니다. 각 요소들이 독립적으로 작동되기 때문에 각 값들을 곱해서 총 유인력(total force)을 계산해낼 수 있으며, 여러 안들 중에서 총 유인력이 가장 높은 안을 선정하게 된다고 기대이론은 설명한다.

개념만으로 설명하면 복잡하게 들리지만, 일상적인 예를 통해 살펴보면 쉽게 이해할 수 있다. 나는 학생인데 중간시험을 2주 정도 앞둔 시점이라고 가정해보자. 조직행동과 재무관리, 통계학 세 과목의 시험을 치러야 하는데, 어느 과목에 시간과 노력을 투자해야 할지 고민이다. 이때, 기대감과 도구성, 유의성이라는 변수들이 작동한다. 조직행동은 2주 동안 열심히 공부하면 시험을 잘 볼 것 같은 기대감이 80%지만, 수식이 많은 재무관리는 자신감이 덜하고(50%), 용어조차 이해하기 힘든 통계학은 자신감이 매우 낮다(20%). 그런데, 조직행동은 시험이나 과제 등의 활동을 많이 요구하기 때문에 중간시험을 잘 본다고 해도 그 시험성적이 최종 관심사인 A+ 학점을 받는 데 기여하는 정도는 크지 않다. 즉, 중간시험이 전체 학점에서 차지하는 비중은 1/3 정도다(도구성 30%). 반면 재무관리는 교수님이 중간시험이 학점에서 차지하는 비중이 70%라고 강조했기 때문에 중간시험의 중요성이 높다(도구성 70%). 통계학은 중간시험과 기말시험 두 번의 시험으로 평가가 이루어지는데, 각각의 비중은 동일하다(도구성 50%). 최종적으로 A+ 학점을 받았을 때 세 과목 모두 같은 수준의 만족감을 줄 거라고 전제한다면(유의성은 모두 +2) 〈그림 11〉과 같은 계산이 이뤄지게 되고, 결국은 총 유인력이 가장 큰 안인 재무관리라는 안을 선택하여 재무관리 공부를 열심히 하게 될 것이다.

그런데, 여기서 끝이 아니다. 이 사례는 기대이론의 주요 개념들 각각을 쉽게 설명하지만, 기대이론을 적용하기에 아주 적합한 사례는 아니다. 기대이론에서는 상호배타적인 안들을 전제로 하기 때문이다. 중간시험 사례의 경우는 최적의 대안 하나를 선택하는 대신, 나에게 주어진 시간을 3개의 대안에 비율적으로 분배할 수 있는 대안이 존재하기

그림 11 | 기대이론에 바탕을 둔 중간시험 준비과정 평가

	Expectancy	Instrumentality	Valence	Force	
조직행동	.80	.30	+2	.48	
재무관리	.50	.70	+2	.70	✓
통계	.20	.50	+2	.20	

때문에 상호 배타적인 안이 아니다. Vroom은 기대이론을 구축하면서 현재의 직장에 머무는 안과 경쟁사로 이직하는 안과 같이 하나의 대안을 선택하는 것이 다른 대안을 선택하는 것 자체가 불가능한 경우에서의 선택을 염두에 두었다. 이 상호 배타적인 두 안에 대하여, 중간시험의 예에서와 같은 방식으로 총 유인력을 계산하여 결정(즉, 이직 여부)을 하게 되는 것이다.

■3 성과급제의 효과를 제고하기 위한 설명

기대이론은 대표적인 외재적 동기부여이론으로 회자되는데, 이는 성과급제 같은 보상제도의 이론적 기반이 되기 때문이다. 성과급제는 개인들이 올린 성과를 바탕으로 보상을 차별화함으로써 구성원들의 노력을 증진시키려는 제도다. 그렇다면 기대이론이 어떻게 성과급제를 뒷받침하는 논리를 제공하는지 구체적으로 살펴보자.

단적으로 설명하면, 보상 제도로서 성과급제가 갖는 효과는 도구성 개념을 통해 설명된다. 〈그림 12〉에 소개한 두 개의 안을 살펴보면, (가)안은 연공급(年功給)처럼 보상이 성과에 전혀 연동되지 않고, (나)안은 성과가 보상의 50%를 결정한다. 편의상 두 안의 기대감과 유의성이 동일하다고 전제를 하겠다. 이런 경우 도구성의 차이로 인하여 총 유인력이 변하게 되고 구성원들은 (나)안에 의하여 동기부여되는 것이다.

그림 12 | 기대이론을 바탕으로 한 두 가지 안의 비교

	기대감	도구성	유의성	Force
(가)안	.5	.0	+2	0
(나)안	.5	.5	+2	.5

    기대이론은 관리적 시사점이 높은 이론인데, 이는 성과급제가 갖는 동기부여 효과를 도구성만 가지고 설명할 수 없기 때문이다. 앞서 설명한 바와 같이 기대감은 높은 성과를 올릴 수 있다는 자신감이며 유의성은 높은 보상을 받을 경우를 예측하는 데 따르는 만족감을 의미한다. 이 두 변수의 정도에 따라서 조금 복잡한 상황이 펼쳐질 수 있는데, 이번에는 다시 논의의 편의를 위해, 도구성과 유의성이 동일하다고 가정해보자. 〈그림 13〉을 보면, (나−1)안은 성과가 보상의 50%를 결정하는데 높은 성과를 올릴 수 있다는 자신감이 낮은 경우(기대감 0.3)이고, (나−2)안은 마찬가지로 성과가 보상의 50%를 결정하는 상황인데 구성원이 높은 성과를 올릴 수 있다는 자신감을 높게 인지하는 경우(기대감 0.8)다. 이런 경우에는, (나−1)안이나 (나−2)안이나 동일한 성과급제도이지만, 동기부여 효과는 (나−2)안이 더 크다.

그림 13 | (나-1)안과 (나-2)안 비교

	기대감	도구성	유의성	Force
(나-1)안	.3	.5	+2	.3
(나-2)안	.8	.5	+2	.8

    지금까지 살펴본 예들을 전체적으로 정리하자면, 우선 기대이론은 성과급제가 갖는 동기부여 효과를 지지한다. 구체적으로 제도로서의 성

과급제(즉, 성과에 기반한 변동급이 전체 임금의 몇 %를 차지하는가)는 도구성의 효과를 의미한다. 이러한 측면은 주로 인사부서의 몫으로 해석될 수 있다. 즉, 인사부서가 우리 조직에 가정 적합한 성과급 비중은 어느 정도인지, 특정 업무별로 변동급의 비중을 어떻게 달리 가져갈 것인지 등의 고민을 한다. 그런 고민의 결과로 우리 조직에 가장 적절한 변동급의 비중을 설정하게 되고 그에 따라 구성원들이 인지하는 도구성이 달라진다. 물론, 회사의 성과급제도를 제대로 이해하지 못하는 구성원이나 자신의 성과급 비중을 모르는 구성원들도 다수 존재하기 때문에, 인사부서가 적극적인 소통을 통해 구성원들이 도구성을 정확하게 인지하도록 하는 것도 중요하다.

하지만 기대이론은 도구성만으로 모든 동기가 부여되는 것은 아니라고 설명한다. 도구성이 높더라도(예를 들어, 100% 성과 변동급의 보상제도) 기대감이나 유의성이 0이면 동기부여 효과도 0이다. 그 중에서도 기대감이 미치는 효과가 매우 중요한데, 이는 팀장 같은 일선관리자의 몫이다. 즉, 성과급제가 아무리 잘 갖춰졌다고 해도, 구성원들이 인지하는 기대감이 낮다면(즉, 높은 성과를 올릴 수 있다는 자신감이 결여됐다면) 성과급제의 효과는 없다. 따라서 관리자들이 구성원들의 기대감을 높이는 효과적인 관리를 해야 성과급제의 효과가 증가하는 것인데, 이를 위하여 관리자들은 직무 설계나 교육 훈련제도 등을 활용할 수 있고, 업무 수행과 관련한 적절한 지원을 제공하는 것이 필요하다. 기대감은 사회적 학습이론에서 제시하는 자기효능감과 유사한 개념이기 때문에, 다음 장에서 설명할 사회적 학습이론에서 자기효능감을 증가시키는 요소들을 적극적으로 활용하는 것도 도움이 된다.

마지막으로, 유의성도 성과급제의 효과에 기여한다. 우리나라 직장인들의 경우에는 개인 간의 차이가 있더라도 전반적으로 높은 보상을 받는 것을 싫어하지는 않는다고 전제하기 때문에 성과급에 있어서 유의성은 높은 것으로 전제할 수 있다. 그런데, 문화적으로 높은 보상을 받는 것을 그다지 선호하지 않는 국가들도 존재한다고 한다. 가령, 북유럽 국가의 직장인들은 임금 상승보다는 개인적인 시간을 더 갖거나 일과 삶의 균형을 더 중시한다고 한다. 이 경우에는 기대감이나 도구성이 적절하더라도 낮은 유의성 때문에 성과급제의 효과가 없고 오히려 복지제도에 대한 유의성이 높아서 복지제도의 효과가 두드러질 수 있다. 기대감이나 도구성에 비하여 유의성은 관리 방식에 의하여 증가되기는 어려운, 즉 개인들의 선호도가 많이 반영되는 개념이기 때문에, 회사는 구성원들이 높은 유의성을 갖는 요소를 반영하여 제도를 구축하는 것이 적절하다는 시사점도 얻을 수 있다.

■4 조금 더 깊은 논의들

조금 더 깊이 들어가, 기대이론 관련 논쟁을 네 가지 측면에서 심도 있게 들여다보자. 첫째는, 기대감과 도구성, 유의성이라는 세 요소가 동기부여를 일으키는 방식이 어떠한가에 대한 논의이다. 방법적으로 볼 때, 이 세 요소가 곱해지는(multiplicative) 방식으로 작동되는지, 더해지는 (additive) 방식으로 작동되는지에 대한 논쟁이다. 이 논쟁은 실무적으로도 중요한 시사점이 있는데, 곱해지는 방식이라면 세 가지 중 두 가지 요소가 출중하더라도 남은 한 가지 요소가 0일 경우에는 효과가 없어지기 때문에 세 요소를 모두 높이도록 노력하여야 하는 반면, 더해지는 방식이라면 한 요소의 값이 매우 낮더라도 다른 두 요소의 값이 높을 경우 동기효과를 낼 수 있기 때문에 핵심적인 요소 한두 개만 신경을 써도 효과를 볼 수 있기 때문이다. 설명하였던 바와 같이 Vroom의 초기 기대이론은 곱해지는 방식으로 값이 증폭되는 방향으로 논의를 전개했지만, 후자를 가정하고 논리를 전개하는 논의들도 다수 존재한다(Eerde & Thierry, 1996; Sanchez et al., 2000). 이렇게 총 유인력이 가장 큰 안을 최종적으로 선택한다는 기대이론의 기본 전제는 흔들림이 없지만, 총 유인력을 계산하는 방식에는 이견이 존재하므로, 향후 이에 대한 고민이 더 필요한 것으로 보인다.

두 번째 논의는, 예측의 목적이 무엇인지, 즉 한 개인이 여러 대안을 놓고 하는(within subjects) 선택에 초점을 맞출 것인지, 아니면 개인들 간의 비교를 통하여(between subjects) 그들의 행동 및 성과를 예측할지에 대한 것이다. 이 논의에서도 Vroom의 이론은 전자에 초점을 맞췄지만, 이후 연구들은 후자도 지지한다. 예를 들어, Sanchez와 동료들의 연구 (2000)에서는 시험 성과에 대한 예측에 기대이론을 적용하여 학생들 간의 비교(between subjects)를 통하여 기대감과 도구성, 유의성, 즉 총 유인력이 높은 학생들이 더 성과가 높다는 결과를 제시하였다. 따라서 여러 안들 중에서 개인의 선택이거나 동일한 업무에서 개인들 간의 비교이거나 상관없이 기대이론적인 예측이 가능하다는 결론을 내리게 된다.

기대이론과 관련해서 심층적으로 논의되는 세 번째 이슈는 음수(陰數, negative)값에 대한 것이다. 앞서 설명한 바와 같이 도구성과 유의성은 개념적으로 음수값을 가질 수 있다. 기대이론은 그런 경우에도 예측성을 가질까? 다음의 사례를 살펴보자. 즉, 성과급제와 마찬가지로 수업시간에 학생들의 시험 점수에 의거하여 최종 학점이 부여되는 상황이다. 논의의 편의를 위해 기대감은 동일한 +(양수)의 값을 갖는다고 전제한다. 이 때 최종 결과물로서 F학점은 −(음수)의 유의성을 가지며 A학점은 +(양수)의 유의성을 갖는다.

그림 14 | 음수로서의 도구성과 유의성에 대한 사례

(가) 시험 0점(performance)과 F학점(outcome) 간의 도구성이 +1, F학점의 유의성은 −
    ⇒총 유인력이 −(음수)
(나) 시험 100점과 F학점 간의 도구성이 −1, F학점의 유의성은 − ⇒ 총 유인력이 +**(양수)**
(다) 시험 0점과 A학점 간의 도구성이 −1, A학점의 유의성은 + ⇒ 총 유인력이 −(음수)
(라) 시험 100점과 A학점 간의 도구성이 +1, A학점의 유의성은 + ⇒ 총 유인력이 +**(양수)**

기대이론은 결국 (나)안과 (라)안이 선택될 거라고 예측한다. 즉, 시험점수에 의거해 학점을 부여하는 방식을 운영한다면, 학생들은 회피

하고 싶은, 곧 부정적인 유의성(F학점)을 잘 피하게 만드는 안(나안)이나, 원하는, 곧 정적인 유의성(A학점)을 잘 얻게 만드는 안(라안)을 선택하여 열심히 공부하게 되는 것이다. 따라서 도구성과 유의성이 음수값을 갖는다고 해도, 결국 개인은 가장 매력적으로 판단되는 상태에 도달할 수 있게 해주는 안을 선택하게 된다는 기대이론의 예측은 일관성이 있다고 평가할 수 있다. 그리고 그러한 상태에 도달하는 방식 면에서는 원하는 상태를 잘 달성하게 만드는 안을 선택하거나 원하지 않는 상태를 가장 잘 피할 수 있게 해주는 안을 선택하는 두 가지 과정이 가능하다.

마지막으로, 기대이론은 개인들이 인지하는 확률의 개념을 주축으로 삼고 있다는 점에서 다른 이론들과 접목시킬 수 있는 여지가 많다. 예를 들면, 다음 장에서 설명할 목표설정이론과 통합될 때에 흥미로운 연구 주제가 가능한데, 구성원들이 업무 목표를 선택하는 단계와 목표를 구체화해가는 단계는 상이한 목표를 갖고 있기 때문에, 전반적으로는 같은 안이더라도 각각의 단계마다 기대감과 유의성을 나누어서 분석해야 한다는 주장이다(Sun et al., 2014). 또한, 시간의 흐름을 고려한 연구도 흥미롭다. 기대이론은 기본적으로는 아직 획득되지 않은 보상이나 승진 같은 외재적 기제가 발휘할 유인력을 사전에 예측하는 것이고, 그렇기에 최종 획득물과 관련한 '시간'의 개념은 중요한 요소가 될 수밖에 없다(Mayes, 1978). 100만원이라는 최종 획득물의 현재가치와 미래가치는 상이하기 때문이다. 따라서 외재적 동기이론으로서 기대이론을 고려한다면, 최종 획득물이 승진이나 임금 인상인 경우, 승진이나 임금 인상이 성과 달성 이후 곧바로 주어지는 경우와 일정 시간이 경과한 이후에 주어지는 경우에 따라 상이한 심리적 효과가 빚어질 것이다. 결국, 외재적 기제들의 효과는 현재에 근접할수록 강력하기 때문에, 단순히 성과급의 비중과 같은 요소들을 넘어서서 제공되는 시점과 연관된 재평가(discount) 과정을 염두에 두어야 할 것이다. 즉, 최종 산출물의 시간적 개념(discounted valence of rewards)이 고려되어야 한다는 점인데, 이런 점은 기대이론 원론에서는 논의되지 않았으나, 경영학적 또는 관리적인 측면에서는 매우 중요한 요소이다. 현실적으로 성과 달성 시점 직후에 바로 외재적 기제가 제공되는 경우는 오히려 많지 않기 때문에, 이런 시차(時差)적인 측면은 기대이론의 예측력을 제고하기 위해서 진지하게 고민해봐야 할 부분인 것이 사실이다.

■5 시사점

앞에서 설명한 바와 같이, 기대이론이 내포하는 가장 두드러진 실무적 시사점은 성과급제의 효과가 단순히 제도를 도입하는 수준에 머물러서는 안 되고 기대감 같은 요소들을 관리하는 데에도 신경을 써야 한다는 것, 그리고 기대감 관리에는 상사의 효과적인 관리방식이 매우 중요하다는 것이다. 결국 성과급제의 성공은 보상제도 자체보다는 관리자의 관리방식에 달려있다고 해도 과언이 아니다. 현실에서는 대부분의 경우에 성과급제의 효과를 제도의 유무 여부에서 찾지만, 기대이론은 제도를 정착시키기 위해서는 현장에서의 다각적인 노력이 필요하다는 점을 이론적이면서도 논리적으로 시사하고 있다.

기대이론은 성과급제 같은 외재적 동기부여이론을 뒷받침하는 논거로 많이 활용되지만, 기본적으로 구성원들이 보이는 일반적인 행동 전반을 예측하는 데 있어서도 효과적이다. 즉, 사람들은 여러 대안 중에서 가장 마음에 드는 안을 선택한다는 기대이론의 기본 전제는 인간이 하는 모든 행동에 적용할 수 있다. 예를 들어, 구성원들의 이직 행동이나 조직시민행동을 예측하는 모형(Mai et al., 2016; Nyberg, 2010)과 사회적인 네트워크를 왜, 그리고 어떻게 구축해나가는지에 대한 설명(Porter & Woo, 2015)에서도 적절하게 활용되었다. 따라서 향후 연구가 더욱 확장될 가능성이 크다 하겠다.

(3) '비교'와 '공정성'의 중요성

■1 배경

공정성이론(Equity theory)은 Stacy Adams가 주창한 이론이다. 공정성이론과 관련한 논의에 있어서는 'Equity'와 'Justice'의 개념을 구분하는 것이 중요하다. 공정성이론은 영어로는 'equity theory'인데, 아래에서 할 설명에서처럼, 이 이론에서 사용하는 equity의 개념은 '협의의 공정성' 개념(구체적으로는 이후에 설명할 내용처럼, 분배공정성)으로 간주해야 하는 반면, justice는 '포괄적인 개념'으로 간주해야 한다. 또한 분배공정성, 즉 협의의 공정성은 비교의 과정에 초점을 두는 반면, 포괄적 개념으로서 공정성은 절차공정성처럼 구성원의 참여와 관련된 부분을 포함한다는 점도 두 개념의 중요한 차이점인데 요즘은 equity보다는 justice 개념에 기반한 연구나 논의들의 영향력이 더 크다. 하지만, 공정성에 대한 논의들이 Adams의 공정성이론에서 출발한 것들이기 때문에 공정성이론의 핵심적인 내용을 우선적으로 살펴보는 것이 필요할 것이다.

공정성이론은 매우 간단명료한 전제를 제시하고 있지만, 현실적으로는 개인이 취하는 행동에 대한 설명력이 매우 높고, 우리나라를 비롯해 세계적으로 가장 많은 연구가 이루어지고 있는 이론에 속한다. 기대이론과 더불어 외재적 동기를 지지하는 대표적인 이론이지만, 기대이론과는 설명 방식에서 차이가 있다. 기대이론이 임금에 대한 '기대' 측면을 다루고 있다면, 공정성이론은 임금의 '경험' 측면, 즉 임금이 제공된 이후에 발생하는 심리적인 측면을 다루고 있다. 또한, 기대이론은 성과가 뛰어난 구성원들이 성과와 보상 간의 명확한 연계성을 인지할 때에는 이직을 하지 않을 것이라 예측하는 반면, 공정성이론은 자신의 투입-산출 비율이 동료들보다 높은 경우에, 아니면 최소한 같은 경우에는 이직하지 않을 것이라고 주장한다는 점에서 근본적인 차이가 있다(Nyberg, 2010). 또한 경제적 보상이라는 외재적 동기제도들을 다룸에 있어서 기대이론이 성과급과 같은 변동급의 효과를 주로 지지한다면 공정성이론은 기술수당이나 기술

급과 같은 개인의 역량에 기반하여 임금 수준을 높이는 방식이 효과적이라는 점을 주로 지지한다는 점에서 실무적인 측면에서도 차이점이 있다.

■2 '불공정성'과 '비교'

공정성이론의 핵심적인 내용은 '불공정성의 인지'와 '비교'라는 상호연관된 두 측면으로 정리할 수 있다. 이론의 명칭이 공정성이론으로 명명되기는 했지만, Adams(1963)는 사실은 이 이론을 '불공정성에 대한 이론'이라고 강조하면서 우리 현실에 두루 퍼져있는 불공정성에 대한 문제의식에서 이 이론이 시작되었다고 설명한다. 즉, 공정성이론은 교환관계에 있는 사람들이 현실에서 발생하는 불공정성을 심리적으로 어떻게 인지하고 그걸 어떻게 해소하는가에 초점을 맞춘 이론인데, 불공정성의 인지는 절대적인 임금 액수 때문에 빚어지는 문제라기보다는 본인이 인지하는 투입물(input)과 결과물(outcome)의 관계, 그리고 이를 다른 사람과, 즉 준거인물과 비교하는 것을 통해 이뤄진다.

불공정성이 사회에 편재하는 이유는 두 가지 측면에서 찾을 수 있다. 첫째는, 투입물과 결과물에 대한 인지가 매우 주관적으로 이루어진다는 점이다. 이러한 측면을 Adams(1963)는 투입물과 결과물에 포함되는 여러 요소들이 합산적(additive)으로 인지된다고 설명한다. 이러한 지적은 투입물과 결과물의 총량이 동일한 상황에서도 개인에 따라 공정성을 인지할 수도, 불공정성을 인지할 수도 있다는 것을 암시한다. 특정 요소들에 부여하는 가중치가 개인에 따라 다르기 때문이다. 즉, 같은 시간 동안 근무하고 비슷한 역량을 업무에 투입했다고 하더라도, 자신이 더 좋은 대학을 졸업하였다는 이유로, 자신은 남자이기에, 더 열정적으로 일했기에, 또는 외국인이기에 더 많은 보상을 받아야 한다고 인지할 경우, 그 사람이 인지하는 투입물의 수준이 변화하기 때문에 불공정성을 쉽게 인지할 수 있는 것이다. 그러니 불공정성이 편재할 수밖에 없다.

두 번째 이유는 '비교 대상'의 주관성에 있다. 준거 인물의 투입/결과의 비율과 비교하여 공정성 또는 불공정성을 인지하게 되는데, 일반적인 경우라면 자신과 비슷한 능력을 보유하고 유사한 일을 하는 사람을 준거 인물로 삼아야 할 것이다. 하지만 현실적으로 준거 인물은 매우 가변적이고 또 쉽게 변하는 특성이 있기 때문에, 자신의 전반적인 임금 수준에는 불만이 없더라도 비교 당시의 준거 인물에 따라서 쉽게 불공정성을 인지할 수 있다. 물론 이러한 측면은 나중에 설명할 것처럼 공정성이론이 갖는 경영학적인 시사점이 높은 이유이기도 하다.

■3 외재적 동기이론인 이유

공정성이론의 핵심은 '비교'에 있다. 즉 구성원과 조직 간에 형성되는 교환관계에서 발생하는 투입물과 산출물에 기반하는 비교가 불공정성을 인지하는 기반이 된다. 구성원들은 자신의 투입물과 결과물 사이의 비율을 준거 인물의 그것과 비교하는데, 바로 이것이 공정성이론이 경제적 동기 효과를 지지하는 외재적 동기이론으로 활용되는 이유다. 물론 결과물은 임금이나 승진 같은 경제적 요소뿐 아니라 사회적·심리적 측면에서의 만족감과 같은 측면에서도 발생할 수 있다. 그런데 준거 인물의 주관적이고 만족적인 측면의 결과물은 다른 사람이 알기가 어렵고 따라서 비교하기가 불가능하기 때문에, 구성원들은 가시적으로 비교할 수 있는 외재적 측면에 대하여 주로 비교를 하게 되는 것이다. 개인들은 이런 비교 작업에서 불공정성을 인지하게 되면 심리적 불편함을 느끼게 되고, 이 불편한 감정을 해소하고자 태도 및 행동 변화를 일으키게 된다. 이러한 이유로 공정성이론은 외재적 동기이론으로 활용된다.

■4 '불공정성'의 유형과 행동 예측

개인들은 비교를 통해 두 가지 유형의 불공정성을 인지한다. 첫째는 과소보상(underpayment)으로, 나의 결과물 : 투입물 비율이 준거 인물의 그것보다 작은 경우이며, 둘째는 과대보상(overpayment)으로 나의 비율이 준거 인물의 그것보다 큰 경우다. 흥미롭게도, 공정성이론에 따르면 과대보상도 불공정한 상황으로, 과대보상을 받는 경우에도 만족감보

다는 불편한 마음을 느낀다. 그런데, 사람들은 과대보상보다는 과소보상
에 훨씬 더 민감하게 반응하고, 직장생활에서도 과소보상의 문제가 항
상 더 심각하다. 따라서 과소보상을 인지하는 경우를 예로 들어 태도 및
행동의 변화를 예측해 보자. 구성원들은 과소보상의 상태에서 공정성을
되찾기 위해 몇 가지 변화를 보일 수 있다. 예를 들어, 나의 투입물을
줄이거나(태만, 태업, 파업 등), 나의 결과물을 늘리려고 노력할 수 있다(고
충처리 등의 과정을 통해 결과를 정정해 달라고 요청하는 행위 등). 또한 인지적인
왜곡과 합리화를 통해 과소보상의 심리 상태를 해소하려 하거나, 공정
성을 회복하려는 노력이 아무 효과가 없는 경우에는 퇴직을 하는 것도
공정성 회복을 위해 마지막으로 동원하는 수단으로 볼 수 있다.

그런데 관리적인 시각에서 보면, 이런 시도들이 모두 의미가 있는
것은 아니다. 과소보상이 이뤄지고 있다고 느끼는 직원이 눈에 띄는 태
업 행동을 보일 경우에는 관리자가 무언가가 잘못되었다고 판단하고는
관리를 시도해볼 수 있겠지만, 많은 경우 태만 행동은 눈에 띄지 않게
진행되는 경우가 많기 때문에 상사도 모르는 사이에 그 구성원의 투입
물이 감소하는 경우가 잦은 것이다. 그렇다고 과소보상을 인지하는 구
성원의 산출물을 증가시키는 방식(평가나 보상을 상향조정)을 통해 공정성
을 회복하려고 노력하는 것은 현실적으로 가능한 일이 아니다.

따라서 공정성이론이 경영학에 주는 시사점은 대부분 '준거 인물의
변경'과 관련되어 있다. 앞서 설명한 바와 같이 준거 인물은 개인의 주
관적인 선택에 의거한다. 많은 사람이 자신을 친구나 유사한 일을 하는
동료 또는 성(gender)이 같거나 학력이 동일한 사람처럼 개인적인 관계
를 맺고 있는 사람들, 즉 자기와 유사하다고 생각하는 사람들과 비교하
겠지만 반드시 그런 것은 아니다. 준거 인물은 매우 다양하고 가변적으
로 설정될 수 있다. Adams에 따르면 비교 대상이 반드시 다른 사람일
필요도 없으며, 과거의 자신의 경험도 비교 대상이 될 수 있다고 한다.

준거 인물의 이런 특성 때문에 과소보상의 인지는 매우 빈번하게
발생한다. 미국에서 직장인 71,000명을 대상으로 조사해본 결과, 시장

수준보다 높은 임금을 받는 사람들 중 35%가 자신이 과소보상을 받고 있다고 대답했고, 시장 수준에 준하는 임금을 받는 사람들 중에서는 64%가 과소보상을 받고 있다고 대답했다(Kichini & Fugate, 2018). 우리나라 직장인들을 대상으로 조사해보아도 결과는 비슷할 것이라고 본다. 따라서 공정성의 인지가 절대적인 임금 액수의 문제가 아니며 이들의 마음 속에 갖고 있는 비교 잣대의 문제일 수 있고, 그런 점에서 준거 인물의 변경이라는 방식은 관리적인 시사점이 매우 큰 것이다. 이는 매우 중요한 내용이어서 추후 본격적으로 다시 살펴볼 것이다.

■5 '공정성' 논의의 확장

공정성은 누구에게나 보편타당한 개념이기 때문에 공정성이론은 많은 공감을 일으켰다. 공정성이론을 바탕으로 진행된 공정성 관련 연구들은 두 가지 측면에서 설명할 수 있다. 첫째는, 공정성의 여러 측면에 대한 논의들이다. 공정성은 시간이 지날수록 주요한 요소로 부각되었고, 1970년대 후반부터는 협의의 공정성, 즉 equity 개념을 justice로 확대하는 연구들이 많이 증가했다. 대표적인 예가 조직공정성(organizational justice)인데, 이는 조직이 자신을 공정하게 대우한다고 인지하는 개념을 의미한다(Greenberg, 2000). 조직공정성에는 공정성이론에서 강조하는 분배공정성(distributive justice) 이외에도 절차공정성(procedural justice)과 상호작용공정성(interactional justice)이 포함된다. 분배공정성은 재원(財源)이나 보상의 분배액에 대해 느끼는 공정성으로, Adams의 공정성이론에서 다루는 equity 개념과 같다. 절차공정성은 조직의 의사결정 과정에 대해 느끼는 공정성이고, 상호작용공정성은 리더가 구성원들을 대하는 상호작용 과정에서 얼마나 공정하게 대하는가에 대한 인지이다.

이 공정성들은 현상적으로 서로서로 상관성을 보인다. 예를 들어, Ambrose와 Arnaud(2005)는 절차공정성이 확보되면 구성원들은 분배액이 받아들일 만한 액수라고 생각하여 분배공정성을 인지한다고 설명하면서 두 공정성은 결국 동일한 기능을 수행한다고 볼 수 있다고 주장하기도 한다. 실제 많은 연구들에서 구성원들의 절차공정성과 분배공정성에 대한 인지는 현실적으로 상관관계가 높다. 하지만, 이 공정성들은 개념적으로는 완전히 구분되는 것으로 기억하여야 할 것이다.

이런 측면에서, 절차공정성과 분배공정성이 갖는 차별적인 특성에 대한 연구들은 흥미롭다. 이른바 공정성의 2요인모델(Two-factor model)에 입각해 분배공정성과 절차공정성의 차별적인 효과를 강조한 논의들이 진행되었는데, 예를 들어 McFarlin과 Sweeney의 연구(1992)는 개인분배액에 기반한 분배공정성은 개인 레벨에서 나타나는 결과들, 즉 임금만족도나 직무만족도에 더 큰 영향을 미치는 반면, 조직의 의사결정과정에 대한 인지를 의미하는 절차공정성은 조직몰입이나 상사에 대한 평가 같은 조직 레벨의 요소들에 더 의미 있는 영향을 미친다는 결과들을 제시하였다. 그 이후에는 두 공정성 사이의 차별성보다는 상호연관성에 초점을 맞추기도 하였는데(Ambrose & Arnaud, 2005), 특히 절차공정성의 중요성이 더욱 강조되면서 절차공정성이 분배공정성보다 구성원들의 성과에 더 큰 영향을 미친다고 알려져 있다(Colquitt et al., 2001).

이와 같이 절차공정성의 중요성이 증가하는 것은 분배공정성을 개선하기 위한 시도들보다 절차공정성을 제고하기 위한 노력이 더 적극적이면서 다양하게 시도될 수 있다는 점을 의미하기도 한다. 나아가서 그러한 경향은 전반적인 경영 관리 패러다임의 변화와도 연동되는데, 21세기에 들어서서 구성원들의 자율성과 참여를 강조하는 팀제나 권한 위임 같은 이슈들이 더욱 강조되고 있는 것이다. 인적자원관리 측면에서도 효율성에 기반하여 구성원들을 통제적으로 관리하는 예전의 방식에서 벗어나서 구성원과의 장기적인 신뢰관계에 기반하여야 한다는 몰입형 인적자원관리(Kossek & Block, 2000)나 참여적, 임파워링 리더십(Ahearne et al., 2005) 같은 연구들도 절차공정성의 중요성이 증가하는 흐름과 맥을 같이 한다. 또한 외재적 동기인 분배공정성과는 달리 의사결정에의 참여가 가지고오는 절차공정성의 확보는 구성원들의 자율성이나 자기결정감이라는 내재적 동기와도 닿아있다는 점도 흥미로운 변화이다.

■6 문화적 차이와 관련된 논의들

문화적인 측면의 논의들에서는 개인주의적인 미국인들에 비해 집단주의적인 가치관을 가진 동양인들은 자신을 남들과 비교하지 않는다거나 임금에 있어서의 불공정성을 인지하지 않는다는 이견도 제시될 수 있다. 사실 연공서열 보상제도에서는 남들보다 더 많은 노력이 필요한 일을 하더라도 근속기간에 의거한 보상이 이뤄지기 때문에 자칫 과소보상을 빈번하게 느낄 수 있는 제도이지만 이러한 제도가 오랫동안 정착되었다는 점은 분배공정성을 별로 중시하지 않는다는 설명이 가능한 것이다.

Adams(1963)는 집단주의 국가에서 비교 자체를 하지 않는다거나 공정성을 중요시하지 않는다기보다는 투입물과 결과물을 해석하는 데 있어서의 문화적 차이를 반영한 문제라고 봐야 한다고 주장한다. 개별적인 노력과 이에 상응하는 보상을 강조하는 미국 문화의 구성원들에 비해, 집단주의 문화의 구성원들은 동료를 위해 수행한 행동을 추가적인 투입물로 계산하지는 않기 때문에, 결국은 투입물과 결과물 각각에 대한 인지의 차이일 뿐 공정성 자체에 대한 차이는 아니라는 것이다. 즉, 불공정성을 인지하는 경우에 나타나는 불만감이나 행동 변화는 문화적 차이에 상관없이 유사하다는 시각이다. 실제 우리나라 구성원들을 대상으로 공정성 연구가 많이 진행되었다는 점이나, 밀레니얼 세대들은 공정성의 가치를 다른 무엇보다도 중시한다는 점 등을 고려한다면, 비교와 공정성의 이슈가 개인차나 문화차에서 벗어나서 보편타당성을 갖는다고 보아야 할 것이다.

■7 공정성은 보편적인 잣대이다!

공정성 논의는 영향력을 가지고 연구가 활발히 진행되었다. 거시적인 수준에서의 논의로도 이어져 공정성 논의가 미시와 거시를 꿰뚫는 공통의 언어가 될 수 있다는 점이 흥미롭다. 지금까지 설명한 개인 수준에서의 연구를 넘어서서 거시적인 차원에서의 연구에도 활용되었는데,

예를 들어, 이사회 구성원들의 임금에 대한 연구(Boivie et al., 2012)가 있다. 이 연구에서는 이사회 멤버들이 자신들이 받는 임금을 다른 조직에서 이사들에게 지급하는 임금과 비교하거나 현 회사의 CEO의 임금이 인상된 액수에 비교하는 공정성의 논리로 이사들의 임금 수준의 변화나 이직에 영향을 미친다고 설명하고 있다. 결국, 공정성은 조직과 집단, 개인 등 여러 분석단위를 꿰뚫는 공통적이거나 보편적인 타당성을 갖는 개념이기 때문에 지금까지도 많은 연구들이 이루어졌지만, 앞으로도 그러할 것으로도 평가된다.

■8 우리 직장인들이 생각하는 '비교'와 '공정성'

저자들이 그간 직장인들과 다양한 토론들을 하면서 경험한 두 가지 흥미로운 이슈에 대한 설명을 하고자 한다. 첫째, 공정성 이슈는 비교를 통해 발생한다. 그렇다면, 비교를 하지 않는다면 어떻게 될까? 어떤 직장인들은 임금 비교의 논거를 편안하게 받아들이기도 하지만, 가끔 자신은 남들과 비교하지 않고 앞만 보고 살아간다고 주장하는 사람들을 만나곤 한다. 자신은 비교를 하지 않기 때문에 불공정성을 느끼지 않는다는 것이다. 이러한 재미있는 지적도 공정성이론에 대한 이해를 돕는다. 공정성이론이 설명하는 비교라는 것은 개인이 의지에 따라 하는, 또는 선택적으로 하는 행위가 아니다. 인간이기 때문에 뭔가를 보면 자연스럽게 생각이 떠오르는 것처럼 인간이기 때문에 순간적으로 그리고 상시적으로 발생하는 인지 활동이 비교이다. 따라서 모든 인간은 자연발생적으로 비교라는 인지적 과정을 항상 달고 산다고 보는 것이 적절하다.

둘째, 그렇다면 공정한 상황에 도달한 경우에는 어떻게 될까?라는 질문도 종종 받는다. 공정성이론은, 앞서 설명한 것처럼, 불공정성에 초점을 맞춘 이론이기 때문에 공정한 상황에 도달한 이후의 행동에 대한 예측은 하지 않는다. 하지만 이런 특징이 공정성이론의 의의를 깎아내리는 것은 아니다. 특정 상황에서의 공정성을 인지한다고 하여도 주변의 상황에서 다른 측면들의 불공정성이 편재되어 있기 때문이다. 가령 지난 달의 임금에서 공정성을 인지하였다고 하여 이번 달의 임금에서도 공정성을 인지한다는 보장은 전혀 없다. 추론컨대, 공정성이론이 공정한 상황에 도달한 이후의 행동에 대한 예측을 하지 않는 것은 완벽하게 공정한 상황이 현실에 그다지 많지 않기 때문이기도 하지만, 공정성 인지라는 것이 지속적인 개념이라기보다는 상황적, 찰나적인 유형의 개념이기 때문일 것이다. 결국, 어느 사건에서 공정성을 인지했다면 그 상황 자체에 관해서 행동 변화는 더 이상은 일어나지 않을 수 있겠지만, 곧이어 이루어지는 다른 요소에 대한 불공정성 인지가 행동의 변화를 야기하게 된다. 그렇게 다양한 측면에서의 불공정성의 연속이 우리의 삶을 채우고 있다.

■9 제일 중요한 이슈, 즉 '준거 인물의 변경'이 주는 시사점

공정성이론은 임금과 같은 보상의 효과를 지지하는 외재적 동기이론이다. 하지만 지금까지 설명하였듯이 공정성이론에서는 절대적인 임금 액수가 중요하지 않고 임금과 더불어 발생하는 심리적 측면의 변화가 중요한 것이다. 즉, 임금이 높다고 해서 항상 공정성이나 과대보상을 인지하는 것이 아니고, 마찬가지로 임금의 절대 액수가 낮다고 해서 반드시 과소보상을 인지하지는 않는다. 그러한 불공정성을 인지하게 만드는 핵심 요소가 바로 준거 인물과의 비교이다.

직장인들의 불공정성 인지는 매우 보편적인 현상인데, 그러한 불공정성을 개선하기 위하여 가장 경영학적 시사점이 높은 처방이 '적절한 준거 인물의 변경'이다. 준거 인물은 매우 가변적이기 때문에, 관리자는 적절한 소통을 통하여 불공정성을 인지하는 구성원의 준거 인물 변경을 통하여 공정성 회복을 시도해볼 수 있다. 즉, 업계의 평균 임금에 대한 정보를 제공한다거나 경쟁사보다 우수한 자사의 복지제도에 대한 설명을 하는 방식으로 상황에 맞게 구성원들의 준거 인물의 변경을 시도함으로써 공정성이 회복될 수 있을 뿐 아니라 때로는 오히려 과대보상을 인지하여 노력의 증가로 이어질 수도 있다. 그리고 그러한 변화는 개방적인 커뮤니케이션(open communication)을 통해 가능하다. 결국, 임금에 대한 불만족을 해소하거나 공정성을 회복하려는 노력의 성공 여부가 임금 인상과 같은 요소보다는 소통과 같은 관리기술에 달려있다는 점이 매우 중요하다. 사실 임금 인상은 개별 관리자의 권한 밖의 결정인 경우가 대부분이기에 소통을 통한 준거 인물의 변경이 갖는 관리적 시사점은 지대하다 하겠다.

때로는 불공정성을 인지하면서도 준거 인물이 명확하게 드러나지 않는 경우도 있다. 이러한 경우에도 구성원의 불만이 비교에 의한 불공정성에서 야기된 것임을 파악해낼 수 있는 것도 관리자의 역량이다. 즉, 과소보상이라는 불공정성이 핵심 요소인 상황인데도 임금 얘기를 직설적으로 꺼내기 쉽지 않은 경우가 많다. 이런 경우, 탓하기 쉬운 근무환경이나 업무량 같은 다른 요소에 대한 불만으로 위장되어 표출될 수 있다. 그런 경우에 근무 환경과 같은 위생요인의 개선이 맞는 방향인지, 과소보상의 불공정성의 해소가 맞는 방향인지를 잘 파악해야 한다. 과소보상이라는 문제를 곧바로 인식하지 못하는 탓에 위생요인적인 방향으로 문제에 접근하게 되면 불필요한 갈등을 빚어낼 수 있다. 따라서 소통을 하는 과정에서 준거인물이 뚜렷하게 드러나지 않는 경우에도 해당 구성원의 문제를 과소보상의 문제로 파악하고 준거인물의 변경과 같은 방식을 시도할 수 있는 것도 결국에는 리더 또는 상사의 능력에 달린 문제라고 본다.

앞서 지적한 바와 같이 공정성이론에서 얻을 수 있는 가장 핵심적인 사항은 '소통'의 중요성이다. 외재적 동기이론이면서도 결국은 임금 액수 자체보다는 구성원들과 하는 소통과 구성원의 인지가 중요하다는 시사점을 제공한다는 사실은 참 흥미롭다. 관련하여 재미있는 실험이 있다. Greenberg(1990)는 임금 삭감과 소통의 문제를 실험을 통하여 설명했다. 실험에 참여한 첫 집단에는 임금을 15% 삭감하면서, 관리자들이 임금 삭감을 해야 하는 이유와 관련한 적절한 정보와 설명을 제공하고 그런 조치를 취해야만 하는 아쉬움과 같은 정서적인 공감도 표현했다. 두 번째 집단에는 마찬가지로 15%의 삭감을 하면서도, 매우 미비하면서 부적절한 정보를 제공하고 정서적인 공감은 없었다. 비교를 위한 통제집단인 세 번째 집단에는 임금 삭감 같은 상황 변화를 주지 않았다. 그런 후 각 집단들에서 발생하는 절도행각 같은 부정적인 행동을 비교했다. 그 결과 임금 삭감에 대한 소통이 효과적으로 이루어졌던 첫 번째 집단에서 발생한 부정적인 행동이 매우 낮았다. 이 결과를 보면, 구성원과 적절한 소통을 하는 것이, 피치 못하게 발생하는 임금 삭감 같은 외재적 기제로 인한 불공정성의 부정적 효과를 줄여줄 수 있는 기제가 될 수 있다는 점을 알 수 있다.

구성원들의 임금에 대한 내용을 형식적으로 비밀로 유지하고자 하는 기업들이 많지만, 노동시장에서의 경쟁이 치열해지고 각종 소셜 매체를 통한 개인들 간의 소통이 매우 빈번하게 발생하기 때문에 그런 정책과는 상관없이 실제 임금 수준에 대한 정보는 많이 유통되고 있다. 임금에 대한 정보가 이렇게 폭넓게 확산되기 때문에, 임금 비교는 공정성 논의의 핵심적인 요소로 부각될 수밖에 없고(Pfeffer & Davis-Blake, 1990), 불확실하거나 모호한 상황에서는 더욱 중요한 잣대가 된다(Boivie et al., 2012). 그렇게 본다면, 21세기 우리가 경험하는 불확실성의 시대에서 공정성이론이 갖는 시사점은 더욱 증가한다고 하겠다.

(4) '계약관계'에 기반한 경제적 동기[3]

■1 배경

회사와 구성원 간의 관계를 어떻게 볼 것인가? 조직 관리에 있어서 가장 기본적인 질문이다. 우리나라에서는 회사를 자주 옮기는 것을 아직까지는 그다지 긍정적으로 평가하지 않고, 평생을 한 회사에서 열심

---

3 장은미 (2003). HRM적 대리인 이론. *HR Professional*, 3. 50~55쪽의 내용을 포함함.

히 근무하는 것을 미덕으로 보는 편이다. 이 때, 회사와 구성원의 관계는 흔히 주종관계나 갑을관계로 표현된다. 회사가 구성원에게 일감을 주고 구성원이 부여받은 업무를 적절하게 수행하면 회사는 이에 상응하는 보상을 하여 구성원이 삶을 유지할 수 있게 해주는 관계인데, 갑을관계는 위계가 분명한 관계이다. 그런데 이러한 동일한 관계를 미국에서는 계약적 관계로 조망한다는 점이 흥미롭다.

계약은 쌍방 간에 동등한 관계를 의미한다. 대부분의 계약은 명시된 기간 동안 작동하는데, 계약된 관계를 지속하는 중에 어느 한쪽이 불만을 갖게 되면 적절한 절차에 따라 언제든지 파기할 수 있다는 속성을 갖는다. 다시 말해, 계약관계는 계약을 유지할 것이가에 대하여 쌍방이 동등한 권한과 힘을 갖는다는 전제에 기반한 것으로, 회사와 구성원 사이의 관계를 이러한 계약관계로 인지하는 관점은 동기 관리에 있어서도 독특한 설명을 제공한다. 그러한 이론이 바로 대리인이론(principal‐agent theory)이다.

그림 15 ∣ 대리인 관계의 구성

	본인	대리인
생성	• 계약 및 동의에 의하여 생성됨	
주요 의무	① 계약 및 동의 사항에 준하는 보상지급 ② 대리인의 업무 수행에서 발생하는 비용의 정산 ③ 대리인의 업무 수행을 방해하지 않음 ④ 대리인 업무 수행과 관계되는 위험 사항들을 인지시킴	① 충성심을 갖고 본인의 최대 이익을 위하여 업무를 수행함 ② 본인의 이익에 위배되는 자신의 이익을 추구하지 않음 ③ 본인이 알아야 하는 정보를 제공함 ④ 관계 종료 후 대리인 행동을 하지 않음
소멸	• 쌍방간의 동의에 의해서 소멸됨 • 상대방의 동의가 없어도 관계를 소멸시킬 권한(power)이 있음 • 계약 위반으로 인한 손실을 보상하게 할 수 있음	

대리인이론은 1960년대에 미시경제학에서 시작된 이론으로, 개인이 취하는 행동을 명확하게 예측하고 설명할 수 있다는 점에서 경영학에도 많은 시사점을 제공한다. 대리인이론은 경영학에서는 '소유와 경영의 분리'라는 주주와 최고경영자 사이의 관계에 대한 설명에 주로 초점을 맞추어 재무관리 분야에서 논의되었다(Jensen & Meckling, 1976). 하지만 대리인 시각(agency paradigm)은 한 주체가 다른 주체의 행동에 의존하는 모든 상황에 보편적으로 적용할 수 있기 때문에(Chang & Taylor, 1999; Fong & Tosi. Jr., 2007; Jensen & Meckling, 1976; Pratt & Zeckhauser, 1991), 구성원들의 행동 및 관리 분야에서도 타당성이 높다고 하겠다. 대리인이론은 철학적인 논의부터 계량적인 분석까지 매우 넓은 스펙트럼에서 연구됐지만, 여기서는 조직과 구성원의 관계, 그리고 구성원의 행동에 대한 동기 및 예측의 측면에 초점을 맞춰 설명하고자 한다.

■2 대리인의 동기에 대한 이해

대리인이 품는 동기를 이해하기 위해서는 대리인이론의 핵심적인 개념 몇 가지를 명확하게 이해할 필요가 있다. 첫째, 계약의 특성을 이해해야 한다. 계약은 반드시 쌍방을 필요로 하고, 계약의 형성과 소멸이 자유롭다는 특성을 갖는다. 즉, 계약은 쌍방 간의 자유로운 합의에 의하여 형성되고, 어느 한쪽이 관계의 지속을 원하지 않는 경우에는 절차에 따라 자유롭게 파기할 수 있다. 대리인 계약은 본인(principal)과 대리인(agent)에 의해 맺어지는데, 본인은 자신을 위해 업무를 수행할 권한을 대리인에게 부여하고, 대리인은 본인의 이해(利害)를 충족시켜주기 위해 성실하게 업무를 수행해야 하는 의무를 갖게 된다. 또한, 대리인이 업무를 수행하면 본인은 그에 대한 정당한 보상을 지급할 의무를 갖는다.

대리인이론에서 중요한 두 번째 개념은 대리인 관계에서 발생하는 대리인 비용(agency cost)이다. 애초에 본인의 이해를 충족시키기 위해 최선을 다해 노력한다는 계약을 맺었음에도, 대리인 역시 자신의 이해에 관심을 가질 수밖에 없는 '합리적인' 존재이다. 따라서 대리인은 본인과 자신의 이해가 충돌하는 상황이 생길 경우에는 계약과 달리 자신의 이해를 우선적으로 추구하는 의사결정을 하게 되고 이런 결정은 본인에게 비용을 발생시키게 된다. 이 비용이 대리인 비용이다(Jensen & Meckling, 1976). 즉, 대리인이 자신의 이해를 추구하는 행동을 함으로써 본인에게 재정적인 손실을 끼치게 되는 것이다.

셋째, 그렇다면 대리인 비용은 왜 발생하는 걸까? 여기에는 몇 가지 요인이 작용한다. 우선, '정보 비대칭(information asymmetry)' 상황이다. 본인은 대리인이 내리는 결정과 취하는 행동에 대한 자세하고 충분한 정보를 갖고 있지 못하다. 예를 들어, 기업 경영에 있어서 본인으로 정의되는 주주(株主)가 활용할 수 있는 정보는 대리인인 최고경영자와 비교해 보면 매우 제한적이다. 그런데 모든 인간에게는 '위험 회피적(risk aversive)'인 본성이 있다. 즉, 인간은 자신에게 위험을 초래하는 결정은 본능적으로 피하려고 한다. 이런 상황에서, 대리인은 본인의 이해를 위한 행동을 취해야 한다는 계약에서 벗어나 자기가 당면하게 될 위험을 본인에게 떠넘긴다거나 직접적으로 자신의 이익을 추구하는 의사결정, 즉 기회주의(opportunism)적인 행동을 하게 된다. 가령, 회사의 가치가 증대되지 않는다는 것을 알면서도 임기 내에 자신의 업적을 극대화하기 위해 부적절한 합병 결정을 한다거나 재고 자산을 증가시킴으로써 기업의 이윤을 확대 조정하는 현상이 CEO들이 주로 보이는 기회주의적인 대리인 비용이다.

회사와 구성원 간의 관계에서 대리인 비용은 매우 다양하게 발생한다. 관리자들이 과다한 특권이나 혜택을 누리거나 자신이 속한 부서의 규모를 지나치게 증대시키는 행동, 제일 뛰어난 직원을 선발하려는 노력은 기울이지 않으면서 자신에게 도움이 될 것 같은 인맥에 의거한 직원 선발, 그리고 필요 이상의 관리비나 비품을 소모하는 것이 모두 대리인 비용에 포함된다(Barnea et al., 1985; Fong & Tosi, Jr. 2007). 본인으로서 회사는 구성원들의 이러한 행동 및 결정에 대한 정보가 충분하지 않기 때문에, 완벽한 통제가 어려우며 그러한 상황에서 구성원들은 기회주의적인 결정을 내리고 행동을 취하는 것이 가능해진다.

　넷째, 본인은 당연히 대리인 비용을 감소시키기 위한 노력을 하려고 한다. 이런 측면을 반영한 개념이 '대리인 통제'다. 즉, 본인은 대리인 비용이 발생하지 않도록 대리인의 선발 및 계약에 있어 사전에 신경을 쓴다거나 대리인의 의사결정에 대한 정보를 획득하면서 정보 비대칭 현상으로 인한 문제들을 해소하려고 한다. 이때, 최적의 통제는 물론 대리인 비용을 사전적으로 예방하기 위하여 대리인의 노력이나 선의에 대한 정보를 획득할 수 있는 통제시스템을 구축하는 것이다. 하지만, 대리인의 노력이나 선의 같은 요소들은 지극히 비가시적이어서 이런 정보시스템을 구축하는 것이 매우 어렵다. 이러한 상황에서 본인은 차선책으로 대리인의 행동에 대한 정보를 획득하거나 성과라는 대용요소(proxy)를 통해, 즉 성과에 근거한 대리인 보상체계의 구축을 통해 통제하려고 한다(Barnea et al., 1985). 이런 논리에 의해, 대리인에게 적절한 성과 인센티브, 즉 성과에 기반한 보상을 제공하는 것이 보편적인 대리인 통제방식으로 자리 잡게 된다. 효과적인 성과기반 보상 방식은 대리인들이 스스로 자신의 보상을 극대화하는 방향으로 노력하게끔 유도하여 결국에는 본인의 이익도 달성하게 만드는 기제인 것이다. 이런 점에서 대리인 이론은 외재적 동기 관리 방식으로 해석된다.

■3 대리인적인 경제적 동기

　회사와 직원의 관계는 회사를 본인으로, 직원을 대리인으로 설정하는 대리인 관계이다. 앞서 설명한 바와 같이 대리인 관계에서 대리인이 품는 동기가 경제적 동기인 건 명백하다. 하지만 경제적 동기라는 외재적 동기를 다루는 방식에 있어서, 공정성이론이나 기대이론이 공정성이나 기대감 인지 같은 개인마다 다르게 나타나는 심리적인 메커니즘을 강조하였다면, 대리인이론에서는 모든 개인들의 경제적 동기에 대한 선호라는 동질성에 기반하여 보상의 규모나 지급방식을 결정하는 쪽에 더 초점을 맞춘다. 즉, 보상제도 자체에 우선적으로 초점을 맞추는 시각인 것이다.

　회사는 대리인 비용이 발생하지 않도록, 즉 직원들이 업무를 수행하면서 회사의 이익에 기여하는 방향으로 행동하도록 보상제도를 구축해야 하는데, 성과급이나 커미션, 이윤분배제도들이 이런 제도에 포함된다. 이와 같이 동기와 관련된 대리인이론은 언뜻 보면 그냥 성과급제와 관련된 이슈로만 볼 수 있지만, 실제로는 그보다 넓은 함의를 갖는다. 사실 성과급제에 대한 논의 자체도 간단하지 않은데, 성과급제의 구체적인 구성요소들이 기업별로, 또는 상황별로 차이가 많이 나기 때문이기도 하지만, 그 효과도 상황에 따라 차이가 크기 때문이기도 하다. 예를 들어, 현금계산원의 업무처럼 필요한 업무 행동이 몇 개 안 되고 정형화될 수 있는 경우(high job programmability)에는 관찰 및 평가가 수월하기 때문에 성과급보다는 시간급 같은 행동에 기반한 제도가 적합성이 높은 반면, 관리하는 구성원의 수가 많고 업무 관련 접촉이 드물며 통제의 범위(span of control)가 넓은 관리자의 경우에는 개개인의 행동을 관찰하고 평가하는 게 어려운 일이기 때문에 성과에 기반한 커미션 같은 보상 제도의 적합성이 증가한다(Eisenhardt, 1988). 즉, 업무 특성에 따라, 또는 조직의 위계에 따라 대리인 통제로서의 성과급제 적합성이 달라진다.

　대리인적 경제적 동기에 관하여 대리인 개인의 특성에 대한 흥미로운 연구가 있다. 설명하였다시피 대리인이론에서 전제하는 인간관은 동질적인 인간관이다. 개인에 따라 대리인 비용이 발생하기도 하고 발생하지 않기도 하는 것이 아니라 합리적인 존재로서 대리인은 누가 되었건 특정 상황에 놓이면 모두 대리인 비용을 발생시킬 위험이 있다고 전제하는 것이다. 이런 점이 경제적 인간관이다. 그런데, 이런 대리인이론이 심리학적 논의와 접목돼 개인의 특성을 고려하는 방향으로 연구가 진행되어 흥미롭다. 예를 들어, Fong과 Tosi Jr.의 연구(2007)는 대리인 관계에서 대리인 개인의 기질적인 요소인 성실성(conscientiousness) 같은 특성을 중요하게 고려해야 한다고 지적한다. 즉, 성실성 수준이 높은 직원들은 감독하지 않아도 태만한 모습을 보이지 않으므로 통제 필요성이 낮은 반면, 성실성이 낮은 직원들은 인센티브나 감시적인 관리방식의 영향을 더 많이 받는다고 보는 것이다. 이런 연구는 대리인이론에 개인 차를 연결시킨 의미 있는 연구지만, 아쉽게도 대학생들을 대상으로 한 실험에 기반한 연구라서 직장인들을 대상으로도 적용할 수 있는지 여부에는 의문이 남는다.

■4 대리인 통제에 대한 동기적 논의

앞서 대리인이론의 핵심은 대리인의 자발성보다는 통제에 있다고 설명했는데, 통제는 동기와 관련해서도 매우 중요한 개념이기 때문에 조금 더 구체적으로 살펴보고자 한다. 통제에 대한 관심은 주로 1970−80년대에 활발하게 논의되었는데 대표적인 통제 유형들은 문화적 통제, 행동적 통제, 산출물이다(Eisenhardt, 1989; Ouchi, 1981). 경제학이나 재무관리적인 접근에서는 앞서 설명한 바와 같이 행동과 산출물에 대한 통제가 주를 이루었다. 지금까지는 문화적 가치 측면에서의 통제 논의는 간과되어 왔는데, 대리인이론에서는 대리인의 가치관을 '합리적 인간관'에 수반된 동질적인 경제적 가치만 전제하고 있기 때문이다. 하지만 동기적인 시각에서는 사후 통제적인 행동이나 생산에 대한 통제보다 사전적인 통제에 해당하는 문화적 가치적 측면의 통제가 오히려 더 큰 시사점을 갖는다.

문화적 통제는 단적으로 본인과 대리인의 가치관이 합일되는 상황이라고 설명할 수 있다. 달리 표현하면, 대리인이 본인의 가치에 동조하여 일치성을 인지하게 되면 대리인 행동에서 비용이 발생할 위험이 자발적으로, 그리고 사전적으로 방지된다. '문화'라는 단어가 들어가다 보니 다국적기업의 연구에 적용된 사례가 있는데, 다국적기업의 경우, 이런 문화적 통제는 모회사의 관리방식과 철학을 현지인보다 잘 이해하는 자국인을 활용하여 자회사를 관리하는 방식으로 설명할 수 있다(Chang & Taylor, 1999). 나아가서 '가치'적인 측면에서 논의를 확장하면, 회사와 구성원 간의 가치 일치성(value congruence)을 중시하는 논의들과 연결될 수 있다. 가치 일치성은 조직행동 분야에서 오랜 시간 활발하게 논의가 이루어져 왔는데, 가치 일치성을 인지하는 구성원들은 조직의 목표 달성을 위하여 적극적으로 노력하는 모습을 보이고, 조직시민행동과 같이 조직에 도움이 되는 행동들을 자발적으로 보이며, 이직이 감소한다는 등으로 조직에 도움이 되는 행동들을 보인다는 많은 연구 결과들이 존재한다(Bono & Judge, 2003; Edwards & Cable, 2009; Hoffman & Woehr, 2006; Kristof, 1996). 따라서 직원들 관리에 있어 사후적으로 인센티브를 통해 통제하는 방법에 비해, 대리인 비용이 발생하지 않도록 사전적으로 회사의 가치를 공유하는 구성원들을 엄격하게 선발하고 사회화하는 방식이 대리인 관리에 더 효과적일 수 있다. 즉, 가치적인 측면의 통제가 성과급제나 행동의 통제를 대체할 수 있는 방식이 되는 것이다.

■5 대리인 관계는 우리의 미래 모습이다

대리인이론은 주주와 최고경영자 간의 관계뿐 아니라 조직과 구성원의 관계를 설명하는 데에도 큰 영향력을 발휘했다. 하지만, 고용관계의 계약적 특성을 강조하는 미국적인 색깔이 강한 이론이라서, 갑을관계가 강한 한국 조직에서 갖는 의미는 아직은 다소 미약할 수 있다. 하지만, 점차 한국 기업들의 관리 방식이 지속적으로 변화하고 있다. 객관적 평가나 성과위주의 보상과 같은 제도들은 이미 20세기 말부터 소위 서양식 방식의 영향을 많이 받았는데, 21세기 들어서는 선발제도의 변화도 시작됐다. 다른 인적자원 관리제도들에 비하여 선발제도는 각 국가의 관습이나 문화적 특성에 기반하는 특징을 보였는데, 이제는 선발제도에 있어서도 소위 글로벌적인 트렌드가 시작된 것이다. 한국 기업들은 과거 대규모 신입사원을 공개채용 방식으로 선발한 후에 전환배치와 교육 등을 통하여 자신들의 인력으로 성장시키는 방식을 활용하였지만, 이제는 직무 중심으로 외부 시장에서 경력직을 상시적으로 채용하는 방식이 크게 증가하고 있다. 환경이 급변함에 따라 필요한 시점에서 필요한 인력을 확충하는 방식의 강점이 증가하는 것이다. 이런 관계에서는 조직과 구성원 간의 대리인 관계의 설명력이 더욱 높아진다. 즉, 지금까지의 주종관계적인 평생직장적인 관계가 변화함에 따라 회사와 구성원 간의 관계를 설명함에 있어서 대리인적 동기 논의가 더욱 설득력을 갖는 것이다. 또한 장기 고용이나 회사에 대한 맹목적 헌신 자체를 그다지 중요시하지 않는 밀레니얼 신세대 인력의 독특한 가치관을 고려한다면, 대리인이론이 갖는 시사점은 분명 우리 조직 관리에서도 분명 매우 증가할 것이다.

아울러, 지금까지 한국 조직에서는 회사 위주로 관리가 이루어진 까닭에 회사가 구성원을 해고하는, 즉 회사에 의한 계약 파기가 더 보편적이었으나 앞으로 관계에서는 자발적 이직과 같이 대리인(직원)에 의한 고용계약 파기의 빈도 및 중요성이 커질 것이다. 특히, 지식근로자, 전문직 종사자, 우수 인적자원의 경우에는 기존의 갑을관계적인 해석과 관리보다는 대리인이론이 갖는 시사점이 특히 더 두드러질 것이므로, 21세기 동기 관리에 있어서 대리인이론에 기반한 많은 연구 및 논의들이 필요할 것으로 보인다.

다. 인지적 정보처리를 통한 동기

동기를 행동이나 성과의 원인변수로 고려하면, 임금이나 업무 특성과는 다른 독특한 과정이 또 존재한다는 것을 알 수 있다. 구성원들이 일이 너무 재미있어 일에 푹 빠지게 될 수도 있고 성과를 낸 후에 받게 될 보상을 기대하며 일에 몰두할 수도 있지만, 그렇지 않더라도 일과 관련된 정보나 피드백의 효과로 일에 몰두하여 성과가 향상될 수도 있다. 이는 최근 급성장하는 AI가 보여주는 정보처리를 통한 가시적인 성과 향상과 매우 유사한 논리이다. 정보 처리와 관련된 부분도 독립적인 동기부여이론의 영역인데, 이론에 따라 구체적인 내용의 차이는 있지만 전반적으로 보면 정보의 적절성, 양, 내용 등에 따라 일어나는 행동 및 의사결정의 변화나 성과의 차이를 설명하는 시각이다. 사람의 두뇌가 정보를 처리하면서 발생하는 학습과 같은 동기 효과는 큰 비용 부담없이 시도할 수 있는 시사점을 많이 제공하고 있다. 그리고 즉각적인 효과를 보여주기 때문에 실제 작업장에 적용하기에 많은 강점이 있는 무척 매력적인 측면의 논의들이다.

　　동기 부여 및 관리의 이슈를 단기적이고 가시적인 변화나 성과 향상 같은 측면에서 본다면 욕구이론이나 2요인이론, 직무특성이론이나 자기결정감에 대한 논의들은 한계가 분명하다. 즉, 처음부터 그냥 두어도 내재적 동기가 출중한 사람들로 가득하면 좋겠지만 그렇지 않은 것이 현실이며 또한 특정 업무에서 내재적 동기가 작동된다고 해도 업무가 바뀌고 상사가 바뀌면서 높은 수준의 내재적 동기를 유지하는 것이 매우 어렵기도 하다. 또한 내재적 동기가 체화되고 효과가 발생하기까지 시간이 걸릴 뿐 아니라 내재적 동기에는 개인적 특성으로 인한 차이가 존재할 수도 있다. 한편, 임금 인상이나 승진, 고용 안정 같은 외재적 동기는 개인차에서 자유롭고 즉각적인 효과를 발휘한다는 특성이 있지만, 재정적인 투자가 이루어져야 하는 점에서 관리자가 일상적으로 자유롭게 활용하기에는 부적절한 측면이 있기도 하다. 그런 측면에서 보면, 짧은 시간 안에 가시적인 성과 향상을 이끌어내야 하는 현실에서 실패 위험이 크지 않으면서 구성원들의 개인차를 그다지 고려하지 않고도 관리자들이 자유롭게 시도해볼 수 있는 동기 관리 방식이 바로 인지적 영역이다. 정보처리를 통한 인지적 동기이론은 이미 많은 조직이 MBO (management by objectives, 목표관리) 같은 방식으로 활용하고 있기도 하지만, 관리자들이 일상적인 작업 현장에서 적극적으로 활용할 수 있다는 강점이 두드러지는 이론들이다.

　　약간 더 학술적인 색깔을 부여해 정리하면, 1970년대 이후 실험실 실험이나 설문조사 및 대량의 데이터에 기반한 통계처리방식과 더불어 인지적 정보처리를 통한 동기 부여에 대한 논의가 급격히 늘었는데, 이 분야는 추상적 개념인 만족감 같은 지극히 주관적인 요소들에서 벗어나 측정이 가능하면서도 즉각적인 성과 향상이라는 방향성이 명확하게 결합된 동기(performance motivation)를 강조했다. 즉, 인지적 동기 영역이 가장 가시적 성과지향적 특성이 강하다는 점이다. 물론 기대이론이나 공정성이론처럼 외재적 동기를 설명하는 이론들도 구성원들이 인지하는 측면을 포함하지만 이들 이론에서는 인지적인 정보처리 자체가 동기의 핵심이라기보다는 외재적 동기의 효과가 발휘되는 측면에서 발생하는 인지과정을 설명하고 있다. 하지만 본 장에서 논의할 내용들은 인지적 정보처리 자체에 기반한 예측이라는 점에 특징이 있다.

　　본 장에서는 대표적인 세 가지 이론들, 즉 사회적 학습이론, 목표설정이론, 그리고 시그널링이론에 대하여 살펴보려 한다. 사회적 학습이론과 목표설정이론이 많은 연구들이 심리학에 기반하여 많은 연구가 축적된 대표적인 동기 이론이라면, 시그널링이론은 정보경제학 분야에서 발달한 이론으로 조직 구성원들의 동기 측면에서는 지금까지 축적된 부분보다는 앞으로 연구가 진행될 잠재력이 더 큰 이론이라고 평가할 수 있다.

(1) (사회적) 학습 효과

■1 배경

　　사회적 학습 효과는 사회적 학습이론(social learning theory) 또는 사회적 인지이론(social cognitive theory)이 설명하는 내용이다. 이 이론은 Albert Bandura라는 학자를 중심으로 방대한 연구가 이뤄진 가장 최근의 동기 이론이자 영향력이 대단히 큰 이론이다. 이 이론은 개인들을 '행동을 통해 자신의 역할에, 그리고 상황 변화에 의지적인 영향을 행사하는 존재'(Bandura, 2012)로 규정하는데, 이런 시각은 욕구나 만족감처럼 개인의 추상적인 내면을 들여다보거나 Skinner의 행동주의처럼 개인의 인지 기능은 무시한 채 가시적으로 드러난 결과로서 행동만을 강조하는 시각에

서 벗어나서 개인과 환경이 상호작용하는 측면에 초점을 맞춘다는 점에
서 진일보한 논의로 평가할 수 있다. 특히 그러한 상호작용 속에서 개인
들이 갖는 주체적인 역할을 강조한다는 점에서도 의의가 크다. 그리고
앞서 설명했던 것처럼 관리자들이 일상적으로 활용해볼 여지가 많다는
점에서 실무적인 시사점도 매우 높다.

■2 '자기효능감' 또는 '과업수행자신감'의 의미 및 효과

사회적 학습 이론의 핵심은 자기효능감이다. 자기효능감(self-efficacy)
은 개인이 특정 상황에서 또는 특정 업무에서 인지하는 자신감을 의미한
다. 자기효능감은 학문적으로나 관리적인 측면에서 매우 의미가 큰 개념
이다. 사회적 학습에서 자기효능감을 강조하기 전까지는 개인들이 인지
하는 '자부심(self-esteem)' 개념이 주요 변수였는데, 자부심은 스스로의
가치 또는 존엄성에 대한 믿음을 의미한다. 즉, 자신에 대한 전반적인 평
가나 믿음을 의미하는데, 예를 들어 "나는 능력 있는 사람인가?", "나는
윤리적인 사람인가?" 같은 스스로에 대한 전반적인 평가를 의미한다. 반
면, 자기효능감의 핵심은 특정 업무에서 느끼는 자신감으로, 특정 상황
이나 과업을 인지하는 개념이라는 중요성을 갖는다. 언뜻 보기에는 자부
심이 강한 사람이 자기효능감도 높을 것이라고 생각할 수 있지만, 이 두
가지는 근본적으로 차이가 있는 개념으로 보는 것이 적절하다.

자기효능감은 자부심 대비 두 가지 측면에서 강점을 갖는다. 첫째
는, 자기효능감이 자부심보다 과업 성과에 더 즉각적이고 결정적인 영
향을 미친다는 점이다. 가령, "나는 굉장한 사람이야"라는 자부심이 출
중하더라도(강한 자부심) 남들 앞에서 조리 있는 설명을 할 자신이 영 없
다면(발표 관련 낮은 자기효능감), 발표라는 업무에서 이루는 성과는 낮을
것이다. 즉, 업무 성과에 더 큰 영향을 미치는 쪽은 자기효능감이다. 자
기효능감 개념은 이처럼 성과에 즉각적인 효과를 발휘하는 개념이기 때
문에 실제 구성원들이 취하는 행동이나 성과에 직접적인 영향을 미치는
원인변수로서 방대하게 많은 연구에 활용됐다. 조금 과장하면, 자기효능

감은 매우 영향력 있는 변수로, 경영학 분야에서 영업사원, 생산담당자 또는 회계담당자 등의 분야를 막론하고 사람을 대상으로 성과를 측정하는 모든 연구에서 예측변수로 활용되고 있다고 해도 과언이 아니다. 자기효능감의 효과를 실증하기 위한 무척 많은 연구가 진행됐는데, 이런 연구들을 집대성해서 메타 분석해본 결과에 의하면, 자기효능감과 성과는 평균적으로 0.38 정도의 높은 상관성을 갖는 것으로 설명됐다(Stajkovic & Luthans, 1998).

둘째, 자부심은 타고나는 면이 강하기 때문에 상황에 따라 잘 변하지 않는 반면, 자기효능감은 매우 가변적인 특성을 갖는다. 즉, 전반적으로 항상 높은 자부심을 갖는 사람들을 주변에서 보는데, 이렇게 자부심이 높은 사람이 한두 번의 실수를 한다고 해서 바로 자부심이 급락하지는 않는다. 또한 자부심이 매우 낮은 사람의 자부심을 증가시키는 것도 결코 쉬운 일이 아니다. 이렇게 쉽게 변화하지 않는 개념은 사실 관리적인 측면에서 큰 의미를 갖지는 못한다. 관리자가 개입할 여지가 적기 때문이다. 하지만, 자기효능감은 주변 환경의 영향을 많이 받으며 상사의 관리방식이나 행동에 따라 많이 변화하는데, 바로 그 점에서 관리적 시사점이 크다고 하겠다. 즉, 구성원의 타고난 특성과 관계없이 작업장에서의 관리 방식을 통하여 개선될 여지가 크기 때문이다.

■3 '자기효능감'의 증감에 영향을 미치는 요인들

그러면 이제 자기효능감의 증감에 영향을 미치는 요소들에 대하여 살펴보겠다. Bandura는 자기효능감의 증감에 영향을 주는 네 가지 요소를 설명하고 있다. 첫째, 직접 경험이다. 사람은 누구나 직접 경험을 통해 발생하는 자기효능감의 증감을 경험한다. 저자의 경험으로는 강의와 관련된 자기효능감 효과가 떠오른다. 저자는 1993년 봄에 처음으로 조직행동을 강의하였다. 박사과정의 대학원생으로서 미국에서 영어로 첫 강의를 하게 된 것이다. 조직행동 수업은 계산이나 숫자를 언급하는 일 없이 모든 것을 말로 설명해야 하는 수업인데, 문화도 다르고 영어도 그리 출중하지 않은 상황에서 해야 하는 영어 강의는 큰 부담이었다. 이 상황은 '자부심'의 문제가 아니라, 영어로 강의해야 하는 업무에 대한 '자신감'이 영 생겨나지 않는 문제였다. 그래서 일주일 내내 교재를 여러 번 읽으며 강의안을 준비하고 영어 표현들을 하나하나 암기하며 리허설도 하는 등, 만반의 준비를 한 후에 첫 수업에 임했던 그때의 기억이 아직도 생각난다. 두려운 마음으로 첫 강의를 시작했는데, 시간이 지날수록 수강생들이 저자가 (영어로) 설명하는 내용을 이해하는 듯이 고개를 끄덕이고 받아 적는 등의 행동을 하는 걸 보면서 75분의 수업을 무사히 마쳤다. 그때 저자는 어떤 생각이 들었을까? "난 굉장한 사람이다 (자부심의 증가)"라는 생각이 아니라, "아! 강의는 이렇게 하면 되겠구나. 할 만하네. 잘 준비하면 해낼 수 있겠다"라는 생각이 들지 않았을까. 이런 현상이 직접 경험으로 인한 자기효능감, 즉 과업수행 자신감의 증가이다. 모든 독자가 이러한 경험이 있을 것이다.

두 번째 요소는 모델링(modeling)으로 인한 자신감의 증가다. 사람은 본인이 직접 경험하지 않더라도 다른 사람들이 하는 행동을 보면서 자기효능감이 증가하기도 한다. 내가 직접 강의를 해보지 않더라도, 영어 실력을 비슷하고 전반적인 강의 능력이 나와 유사하다고 생각되는 친구가 수업을 잘 해내는 것을 보면 "나도 할 수 있겠다"는 자신감이 증가할 수 있다. 직접 경험 효과가 "스스로 경험하여 학습(learning by doing yourself)"으로 설명된다면, 간접 경험 효과는 "관찰을 통하여 학습(learning by watching)"의 효과로 설명할 수 있다. 사회적 학습이론은 이렇게 관찰을 통한 학습효과를 특히 강조하기 때문에 "관찰*만* 하여도 학습(learning by *merely* watching)"이라고 표현하기도 한다. 즉, 자신과 비슷한 사람이 노력해서 성공하는 모습을 *보는 것만*으로도 자신감이 생겨서 성과가 향상되는 결과가 나타난다는 것이다(Bandura, 2002).

사회적 학습이론의 핵심은 이런 관찰을 통한 학습, 또는 모델링을 통한 대리 학습(vicarious learning)에 있다. 직접 경험을 통해 자신감이 증가하는 측면보다는, 대리학습이나 관찰만으로도 자기효능감을 느끼는 수준이 변화한다는 것은 개인과 사회적인 맥락의 상호작용, 또는 사회적 맥락에서 개인들이 보이는 주체적인(agentic) 행동 변화를 의미하기 때문에 큰 의미를 갖는다(Liu et al., 2020). 이런 관찰 효과는 업무 행동뿐 아니라 조직행동 전반적인 연구에서 효과적으로 활용되었는데, 예를 들어, 리더십의 관점에서 진행된 연구들은 리더의 적절한 행동들이 구성원들의 관찰을 통해 학습된다는 결론을 도출했다. 즉, 상사의 리더십을 보면서 학습하게 되고 그러한 학습효과가 조직의 랭크에 따라 내려가게 되는 캐스케이딩(cascading)효과를 낸다는 것이다(Liu et al., 2020; Peng & Wei, 2018). 결국은 리더십의 효과가 관찰 효과에 기반한다는 의미있는 결과들이다.

직간접적인 경험 이외에 '설득'이라는 대화나 소통을 통해서도 자기효능감이 증가할 수 있다는 점도 흥미롭다. 예를 들어, 중요한 발표를 앞두고 자신 없어 하는 친구가 있을 때, 리허설을 통해 자신감을 증가시킬 수 있고(직접 경험), 역량이 비슷한 동료가 발표하는 것을 관찰할 기회를 가지는 것으로도 자신감이 증가되지만(간접 경험), 그 친구에게 "이런 점들이 참 좋으니 성공적인 발표를 하게 될 거야"나 "너는 아이 콘택트를 참 잘하고 발성이 좋으니까 전달이 잘 될 거야"라는 등의 업무와 관련된 적절한 설득을 제공하는 것만으로도 자신감이 증가한다는 것이다. Bandura(2012)에 의하면, 직접 경험은 실패하게 되면 자기효능감이 하락할 위험을 갖고 있지만, 모델링과 설득이라는 기제는 실패하는 상황이 발생할 위험 없이 자기효능감을 증가시킬 수 있다는 점에서 특히 강점이 있다고 설명한다.

개인들이 느끼는 자기효능감의 증감에 영향을 미치는 마지막 요소로는 생리적 상황이 있다. 큰 발표를 앞둔 상태에서 소화가 안되고 식은 땀이 흐르며 왠지 목이 자꾸 타는 등의 생리적 변화가 일어났을 때 발표에 대한 자신감이 저하될 수 있다. 사실 우리는 부정적인 생리적 변화가 자신감의 하락을 가지고 오는 경험을 많이 하였지만, 이는 사실 관리자가 개입하여 조정하기 어려운 부분이기도 하다. 그런 점에서 본다면,

자기효능감의 증감에 영향을 미치는 네 가지의 요소들 중에서 관리적인
시사점이 가장 큰 것들은 아무래도 간접 경험과 설득의 효과라고 볼 수
있다.

〈그림 16〉은 지금까지 설명한 자기효능감과 관련된 내용을 잘 설
명하고 있다. 그림 한가운데에는 자기효능감이 있다. 자기효능감은 개인
들의 생각, 감정 등에 직접 영향을 미친다. 자기효능감이 증가하면, "할
수 있을 것 같다"는 생각이 들면서 적극적인 자세를 갖게 되고, 도전적
인 목표를 설정한다. 그리고 환경에 끌려 다니기보다는 상황 변화를 한
걸음 앞서 예측하고 대비하면서 상황을 관리하게 된다. 이렇게 되면 실

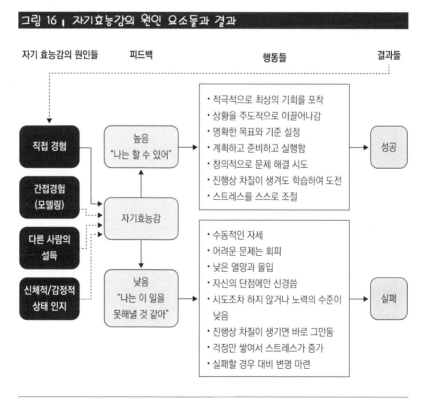

그림 16 ┃ 자기효능감의 원인 요소들과 결과

출처: Kinicki, A., & Fugate, M. (2013). Organizational Behavior(5th ed.) New York,
NY: McGraw-Hill/Irwin. 127쪽.

제 노력하는 정도가 증가하게 돼 문제 해결을 위한 적극적이고 창의적인 태도를 보이게 된다. 그와는 반대로 자기효능감이 낮아지면, "난 할수 없을 것 같다"는 생각이 들면서 수동적인 태도를 취하게 되고 어려운 목표를 회피하려 하게 된다. 그리고 업무와 상관없는 내용인데도 자신의 단점들만 자꾸 떠올리는 증상을 보이고 노력을 기울이지 않으면서 남 탓을 하고, 결국에는 실패에 이르게 된다.

이렇게 성공과 실패를 결정하는 핵심에 자기효능감이 있고, 앞서 설명한 네 요소가 여기에 직접적인 영향을 미친다. 그런데 〈그림 16〉에서 직접 경험(prior experience)은 실선으로, 나머지 세 요소는 점선으로 표시되어 있다. 이는, 단일 요소 각각의 효과를 비교할 경우 직접 경험하는 것이 아무래도 가장 효과가 크다는 것을 의미한다. 사실 본인 스스로 경험해보는 것이 제일 효과가 클 것이다. 하지만 직접 경험을 통한 관리에 있어서는 실제 시도하면서 실패할 위험도 동시에 높을 수 있을 뿐 아니라 많은 비용이 투입되어야 하기 때문에 간접 경험이나 설득보다는 관리적 시사점이 크지 않은 것도 사실이다.

■4 '자기효능감' 개념의 다양한 활용성

자기효능감의 강점은 상황에 맞게 개념을 적용하여 분석 및 활용이 가능하다는 점이다. 자기효능감은 기본적으로는 특정 업무에서 인지하는 자신감을 의미하는 개념으로 사용되기 시작됐지만, 이후 연구들에서는 상황에 따라 특정 목적에 부합되는 방향으로 다양하게 활용됐다(Liao et al., 2010). 예를 들어, 리더십 자기효능감(leadership self-efficacy)은 리더가 방향 설정, 멤버들의 몰입 제고, 장애물 극복 등 리더의 주요 과업을 성공적으로 수행할 수 있다는 확신(Paglis & Green, 2002)을 의미하며, 집단 효능감(collective self-efficacy)은 집단이 전체로서 성과를 내기 위해 필요한 과정을 구성하고 조직화할 수 있다는 구성원들의 공통된 믿음을 의미한다(Chen & Bliese, 2002). 또한 이후 창의성 논의에서 보다 자세하게 살펴보겠지만, 창의적 자기효능감(creative self-efficacy)은 창의적인 아이디어를 도출하면서 업무에 적용하는 행동에 대한 자신감을 의미하며(Huang et al., 2016; Shao et al., 2019), 특정 직무를 규정하지 않고 전반적으로 변화하는 상황에서도 일관되게 적용될 수 있는 개념으로서 일반적 또는 포괄적 자기효능감(general self-efficacy)으로도 활용될 수도 있다(Kauppila & Tempelaar, 2016). 실제로 Bandura(2012)도 사회적 인지이론이 단순히 특정의 업무 행동을 예측하는 차원을 넘어 개인들의 학습과 변화에 대한 내용도 포괄적으로 포함한다고 설명하고 있기 때문에, 이런 다양한 측면의 자기효능감은 학문적으로나 실무적으로나 의미가 크다고 하겠다. 즉, 상황에 따라 대상은 달리하더라도 구성원들이 그 상황에서의 '자신감'을 인지하도록 관리해야 한다.

■5 '간접 경험' 활용 시의 유의점

앞서 설명한 바와 같이 직접 경험의 효과는 제한적이거나 실패의 위험을 동반하는 반면 모델링을 통한 간접 경험이나 설득 같은 요소들은 그러한 위험이 덜하기 때문에 관리적 시사점이 크다고 하겠다. 그렇다면 간접 경험이 갖는 시사점 측면을 조금 더 살펴보기로 하겠다. 관리적 시사점이라 함은 비용 대비 효과를 판단하는 시각을 의미한다. 사회적 학습이론은 주로 교육의 경우에 많이 적용된다. 그런데 직접 경험을 통한 교육은 다수의 구성원들을 대상으로 적용하기에는 시간과 재정적인 자원의 측면에서 큰 부담이 된다. 반면, 간접 경험을 통한 교육은 대규모의 교육에 효과적으로 활용할 수 있다. 예를 들어, 신입직원을 교육할 때, 피교육자들과 유사한 신입사원이 사회화되는 동영상 프로그램 한 편을 감상하며 성공 경험을 공유함으로써 자신감을 증가시킬 수 있다. 즉, 투입되는 비용 대비 큰 효과를 기대할 수 있다.

모델링을 통한 간접 경험의 효과를 배가하기 위해서는 한가지 주의가 필요하다. 즉, 어떤 모델을 활용할 것인가에 대한 사항이다. 핵심은 관찰자와 유사한 모델이어야 한다는 점이다. 간접 경험의 효과는 "나도 저렇게 할 수 있다(If you can, why not me?)"는 인지에 기반하기 때문이다. 따라서, 처음부터 너무 잘하는 모델을 보여주는 것은 사람들의 관심을 끄는 데는 효과적일 수 있지만, 보는 사람들의 자기효능감을 늘리는 동기부여 효과에서는 부적절한 방식이다. 관찰자와 유사한 모델을 활용하여 단계적 진척(step-by-step progress)을 가시적으로 보여줄 때 관찰자의 간접 경험의 효과가 발생한다.

■6 외재적 동기와의 조화로운 결합

직접 경험이나 간접 경험을 통하여 학습을 해나가는 과정에서 적절하게 보상을 제공하는 것은 매우 효과적이다. 즉, 바람직한 행동이나 성과 향상이 이루어지는 시점에서 적절한 보상을 준다면, 학습의 효과가 배가되는 것이다. 즉, 외재적 동기와 인지적 동기의 결합으로 효과를 극대화할 수 있다. 사회적 학습이론에 의거하면, 학습에 보상은 필수적인 요소가 아니기 때문에 보상이 없더라도 경험이나 관찰만으로 인한 동기부여 효과가 발생하지만, 인지적 동기와 외재적 동기는 좋은 궁합관계를 가지고 있어 잘 조화된다면 효과가 극대화될 수 있다는 점은 이론적으로나 실무적으로 큰 의미를 갖는다.

■7 '자기효능감'에 대한 다른 시각들

사회적 학습이론이 강조하는 자기효능감의 효과는 매우 설득력이 있다. 하지만 이와 관련된 몇 가지 논의를 좀 더 집중적으로 살펴볼 필요가 있다. 우선, 자기효능감과 성과의 순환적 관계를 살펴보자. 즉, 성공하면 자기효능감이 증가하고 자기효능감이 증가하면 다시 성공 확률이 높아진다는 것이 사회적 학습이론이 주장하는 바다. 이런 연관관계는 실패의 경우에도 마찬가지다. 즉, 실패하면 자기효능감이 감소하고, 이로 인해 다시 실패하게 되는데, 이러한 실패의 순환과정이 지속됨에 따라 학습된 무기력(learned helplessness)이 발생할 수도 있다. 이것은 좌절감이 학습되는 현상이다. 따라서 사회적 학습이론, 즉 자기효능감의 측면에서 본다면 실패 경험은 그 자체가 부정적일 수밖에 없다.

그런데, 거시적 조직이론을 연구하는 학자들은 상반된 지적을 한다. 변화와 혁신은 요즘 모든 조직의 일부가 되고 있다. 그런데, 변화와 혁신은 어디에서 비롯되는가? 학자와 경영자들은 성공이 아닌 실패에서 비롯된다고 지적한다. 성공만 경험한 사람들은 기존의 방식에서 문제점을 느끼지 못하기 때문에 새로운 방식을 시도하지 않는다. 따라서 성공만 경험한 경우에는 혁신을 시도하지 않는 '성공의 덫(success trap)'에 빠지게 된다(Levinthal & March, 1993). 그렇게 되면 지금까지 일상적으로 해 오던 방식을 답습하게 돼 변화와 혁신을 도모하기가 어려워진다. 그리고 변화하지 않는 기업은 생존하기 어렵다. 반면, 실패를 경험하면 새로운 방식을 학습하려는 자세를 갖게 되는데, 새로운 지식과 방식을 학습하게 되는 것이 바로 실패로부터의 학습(learning from failure)이다(Chang & Chin, 2020). 그렇기에 실패와 자기효능감의 관계에 대해서는 조금 더 큰 그림 속에서 고민해볼 필요가 있다.

한편 21세기에 접어들어 심리학자들은 자기효능감의 효과에 대하여 더 직접적인 비판적 시각을 제시하였다. 대표적인 것이 Vancouver와 동료들의 연구(2001)인데, 그 연구는 사회적 학습이론과 목표설정이론처럼, 자기효능감이 높은 구성원이 높은 수준의 목표를 설정하거나 받아들이고 그 결과로 성과 향상이 이루어진다는 전제는 지나치게 낙관적이라고 지적한다. 자기효능감이 높은 경우에는 현실에 만족하거나 안주하는 태도를 보이며 성과 향상을 위해 추가적인 시간이나 노력 같은 자원을 동원하려는 적극적인 자세가 사라지게 된다는 것이다. 오히려 실패한 경험으로 자기효능감이 낮은 경우에는 자신이 다다르고자 하는 목표와 현실과의 격차를 크게 인식하게 되어 이를 만회하기 위한 노력을 더 기울이게 될 수 있다는 주장이다.

나아가서 개인들의 목표가 자기효능감보다는 과거의 성과에서 더 큰 영향을 받을 수 있다는 주장도 주지할 만하다. 즉, 개인들 간의 비교(between persons)가 아닌 개인 안에서의 변화를 살펴보는 경우(within a person), 자기효능감은 오히려 성과에 부정적인 영향을 미칠 뿐 아니라,

자기효능감이 성과에 미치는 효과보다는 반대로 성과가 자기효능감의 변화에 미치는 효과가 더 두드러진다는 점이다. 그렇다면 성과의 원인 변수로서의 자기효능감의 역할은 미비하게 된다. 결국, 자기효능감에 대한 논의는 다분히 복잡한 성격을 갖는데, 이런 복잡한 성격으로 인하여 자기효능감의 높고 낮음을 측정할 때 어떤 기준을 활용할 것인지, 그리고 과연 이전의 성과 또는 성공의 효과가 통제된 후에도 자기효능감이 의미있는 효과를 갖는 것인지 등등에 대한 깊이 있는 논쟁이 필요하다 (Bandura & Locke, 2003; Vancouver et al., 2001).

■8 현대인에게 필수적인 자기효능감!

자기효능감은 20세기 후반부에 가장 많이 활용되었던 대표적인 동기 개념이다. 21세기에 들어서 자기효능감의 효과 자체에 비판적 시각이 제시되고는 있지만, 다음 장에서 살펴볼 창의성 논의에서는 창의적 자기효능감이라는 개념으로 다시 연구가 불붙었다. 갑론을박에도 불구하고 분명한 것은, 동기라는 연구 분야에서 개인들을 주어진 환경적 요소에 수동적으로 반응하거나 받아들이는 존재로 보는 것이 아니라, 앞날을 예측하고(anticipative) 목적의식이 있으며(purposive) 상황주도적인 (proactive) 존재로 정의하는 시각은 동기 분야에서 큰 의미를 갖는다는 점이다. 이러한 시각에 기반하여 개인들의 행동 원인 또는 메커니즘으로 자기효능감의 중요성을 강조한 것은 체계적이고 과학적인 접근방식으로서 동기 분야 연구의 한 획을 그었다. 또한 자기효능감의 변화는 사람들이 타고난 내면적 욕구나 성격 같은 요소에 의해서가 아니라 개인이 환경과 상호작용한 결과에 따라 일어난다는 전제도 중요한 의미로 받아들여야 할 것이다.

동기에 대해 그렇게 많은 연구들이 이루어졌어도 동기라는 것은 여전히 막연하게 인식되곤 한다. 그래서 동기를 막연히 하고 싶은 일, 또는 해야 하는 일의 측면에서 생각하기 쉬운데, 사회적 학습이론은 그런 측면에서도 독특한 기여를 한다. 즉, 주관적인 감정이나 추상적이거나 의지적인 측면이 아닌 자신감이라는 개념으로 동기를 설명한 것이다. 즉, 동기의 핵심은 "나는 …을 하겠다(*I will*)"가 아니라 "나는 …을 할 자신이 있다(*I can*)"는 점이다(Bandura, 2002). 이러한 자신감 측면은 너무 지나친 자신감보다는 너무 미약한 자신감이 팽배해있는 현실에서는 특히 시사하는 바가 크다고 하겠다.

(2) '목표'의 효과

■1 배경

목표는 우리 삶의 대명사이다. 개인의 행동 예측에 있어서 목표의 효과를 설명하는 이론이 목표설정이론(goal setting theory)인데, 이 이론은 1970년대 이후로 Edwin Locke와 Gary Latham을 중심으로 방대한 양의 연구가 이뤄지면서 급성장했다. '목표'는 성과 향상에 가장 근접한 요소이자 개인적인 특성과 상관없이 일관되게 직접적인 영향을 미치는 합리적인 요소이다(Locke, 1978). 목표설정이론의 성장이 실험실의 실험에 기반하였다는 사실은 명확한 인과관계를 규명할 수 있는 강점을 갖는 이론이라는 것을 의미한다. 동시에 현업에 종사하는 직장인들을 대상으로 한 연구가 전혀 없는 건 아니지만, 대부분의 실험이 학생들을 대상으로 진행됐다는 점과 현업의 다양한 상황적 요소들을 고려하지 않았다는 점은 한계점으로 해석될 수도 있다.

목표설정이론이 주장하는 내용은 매우 단순하면서도 명쾌하기 때문에 실무적 시사점이 매우 크다. 관리자들이 막대한 비용을 치르거나 손실을 입을 위험을 감수하는 일 없이 즉각적으로 시도해볼 수 있는 내용을 제시한다는 점에서, 저자는 목표설정이론이 사회적 학습이론과 더불어 실무적으로 가장 큰 의미를 갖는 이론이라고 본다. 하지만 워낙 많은 연구들이 진행되었고 그 많은 연구들이 동일한 결과를 제시하지 않기 때문에 이들을 종합하다 보면, 목표의 역할과 효과를 너무 일반적인 또는 보편적인 몇 개의 단어로 요약해서 자칫하면 "목표는 당연히 중요하지"라는 식의 두리뭉실한 논의로 빠질 위험성도 크다. 따라서 목표설정이론이 주장하는 핵심적인 내용을 정확하게 이해하는 것이 무엇보다도 중요하다.

■2 목표의 효과란?

목표의 효과는 어느 시점에서 어떻게 발생하는가? 앞장에서 소개한 동기이론들의 포지셔닝에 관한 〈그림 2〉를 참조해보면, 목표의 효과는 행동을 진행해가는 과정에서 발생한다. 그렇기 때문에 목표를 세운 시점에서 갖게 되는 기대감이나 목표를 달성한 이후에 느끼는 뿌듯함이나 성취감 같은 것들은 목표설정이론이 강조하는 목표의 근본적인 효과가 아니다. 목표의 효과를 목표를 달성한 이후에 주어지는 좋은 평가나 보상 같은 요소들의 효과와 혼동하는 직장인도 많지만, 목표의 효과는 목표 달성 이후에 주어지는 보상의 효과와는 구분해야 한다. 목표의 근본적인 효과는 업무를 수행하면서 발생하는 인지적 현상들, 즉 목표를 달성하기 위해 나아가는 진척 정도에 대한 인지, 그리고 이런 피드백에 기반하여 향후 자신의 노력과 자원을 어떻게 배분하고 활용할 것인지에 대한 판단과 같은 인지적인 정보처리로 인해 발생하는 효과이다.

목표가 성과에 영향을 준다는 명제는 너무나 당연한 말로 생각할 수 있다. 하지만, "목표를 야심차게 잡으면 성과는 당연히 오르겠지?"라는 막연한 낙관론을 넘어선, "그런데, 왜 그런 걸까? 목표의 어떤 특성이 어떤 효과를 갖고 오는 걸까?"라는 근본적인 질문을 던질 필요가 있다. 목표 설정과 관련해서는 방대한 양의 연구가 진행됐다. 방법론과 연구대상이 다양한 까닭에 목표 설정에 관해서 매우 다양한 스펙트럼의 결과들이 제시되고 있다. 그런데 이런 방대한 연구들을 단순히 종합하기만 한다면, 목표설정이론의 맛깔스러움을 담아낼 수 없다. 따라서 목표설정이론의 핵심적인 내용을 원론적인 차원에서 명확하게 설명하는 것이 매우 중요하고, 그래서 여기서는 목표설정이론을 주장하는 대표 학자들인 Locke와 Latham의 저서(1990, 2002)에서 논의된 내용을 위주로 설명을 전개하고자 한다.

■3 목표의 핵심적인 두 가지 특성: 난이도와 구체성

목표설정이론이 주장하는 가장 핵심적인 내용은 목표 난이도의 효과와 목표 구체성의 효과다. 우선, 목표 난이도는 목표를 달성하기까지 요구되는 시간과 노력을 가리킨다. 조금 단순하게 설명하면, 시간이 많이 투여되는 목표가 어려운 목표다. "하루에 책을 열 페이지 읽자"는 목표보다는 "하루에 책을 백 페이지 읽자"는 목표가 더 어려운 목표다. 따라서 어려운 목표를 세우면 지속적으로 목표에 관심을 갖고 정보를 탐구하며 행동을 적절하게 조정하여 목표 달성에 이름으로써 성과 수준이 증가한다. 하지만 무작정 계속 그런 것은 아니다. 즉, 목표 난이도의 긍정적인 효과는 적절한 수준까지만 발생하고 달성하기 어려운 정도의 목표(impossible goals)는 오히려 성과를 하락시키는 결과를 낳는다. 이 때 성과 수준을 극대화하는 난이도의 목표를 도전적 목표(challenging goals)로 정의한다.

다음으로 중요한 개념이 목표의 구체성(specificity)이다. 숫자와 같은

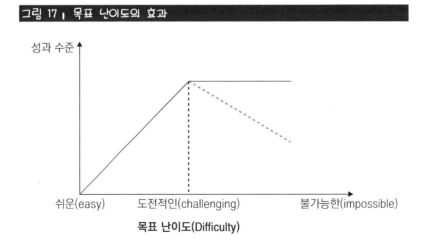

그림 17 ∣ 목표 난이도의 효과

성과 수준

쉬운(easy)　　도전적인(challenging)　　불가능한(impossible)

목표 난이도(Difficulty)

방식으로 계량화할 수 있는 목표가 구체적인 목표다. 구체적인 목표는 주관적인 해석을 배제하기 때문에 합리적이다. 앞에서 목표의 난이도가 성과 수준에 영향을 미친다고 설명하였는데, 목표의 구체성이 갖는 직접적인 효과는 성과의 분산(variance)을 줄이는 데 있다. 목표의 구체성 자체가 성과 수준에 영향을 미치는 것은 아니지만, 목표 난이도가 일정 수준으로 정해진 경우 구체적인 목표는 목표 달성 정도의 분산을 줄여준다. 조립라인을 지속적으로 가동하는 경우나 문제 풀기를 반복하는 경우, 목표를 구체적으로 정할수록 매 시행마다 또는 날마다 달성하는 성과의 분산의 폭이 줄어들면서 일관된 성과를 얻게 되는 것이다.

목표설정이론가들은 이런 시각에서 "최선을 다하자(do your best)"와 같은 것을 매우 일반적인(general) 최악의 목표로도 간주한다. 업무를 수행해나가는 과정에서 현재 최선을 다하고 있는지에 대한 객관적인 피드백이 이루어질 수가 없기 때문에 최악의 목표인 것이다. 매일 두 시간씩 문제를 푼다거나 200문제씩 푼다는 식으로 구체적인 목표를 설정하면, 행동을 보이는 과정에서 현재 목표를 어느 만큼 달성하고 있는지, 목표 달성을 위하여 필요한 자원은 무엇인지 등에 대한 정보 피드백이 머리 속에서 실시간으로 이루어지기 때문에 항상 목표에 근접하는 성과가 나타난다. 따라서 우리가 큰 과업을 앞두고 자주 세우는 '진인사대천명(盡人事待天命)'이라는 목표는 아주 좋은 삶의 모토는 될 수 있겠지만, 실제로 성과를 향상시키면서 목표를 달성하는 데 도움을 주는 좋은 목표가 되지는 못한다.

목표설정이론은 기본적으로 개인 수준에서의 연구가 주를 이루지만, 목표의 어려움과 구체성의 효과 같은 기본적인 명제는 팀 수준의 논의에도 타당한 것으로 설명되고 있다. 예를 들어, Kleingeld와 동료들의 메타 분석(2011)은 팀 수준에서도 구체적으로 설정된 높은 난이도의 목표가 구체적이지 않은 목표보다 높은 성과로 이어진다는 점을 보여줬다.

그림 18 ┃ 목표 구체성의 효과

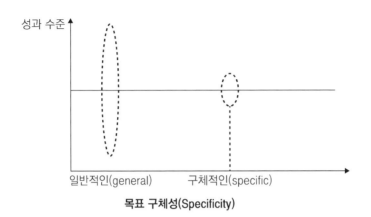

목표 구체성(Specificity)

■4 목표 몰입의 중요성

개인 간의 성격적 또는 기질적인 차이나 문화적인 차이는 목표설정 이론에서는 그다지 중요한 변수가 아니다. 상기한 목표의 효과는 개인의 성격이나 문화적 독특성과는 상관없이 일관되게 발생한다. 실제로 목표 설정이론의 전반적인 논의들은 미국과 문화적 가치가 매우 다른 한국이나 중국의 직장인들을 대상으로 한 연구에서도 충분히 입증되어 왔다.

목표설정이론은 기본적으로는 앞서 설명한 목표 난이도나 구체성의 요소가 가장 핵심적이지만 몇몇 개인적인 요소도 강조되었다. 예를 들어, 목표 몰입(goal commitment) 같은 요소이다. 목표 몰입은 개인(업무수행자)이 해당 목표를 얼마나 자신의 목표로 받아들이는가와 같은 요소이다. 목표가 효과를 가지려면 주어진 목표를 자신의 것으로 받아들여서 몰입하는 행동을 보이는 것이 필요한데, 연구 결과들은 업무수행자가 목표에 깊이 몰입할수록 목표가 성과에 미치는 효과가 증가한다는 점을 지적하고 있다. 즉, 목표에 몰입하는 경우에 도전적인 수준의 목표가 높은 성과로 이어질 확률이 증가하는 것이다. 자기 스스로 세운 목표(self-set goals)의 경우에 목표 몰입이 높을 수는 있지만, 반드시 그렇지는 않다. 즉, 상사가 목표를 할당하는 경우에서 구성원들의 목표에 대한 몰입을 증가시키기 위하여 노력할 수 있는 것이다. 이에 대해서는 추후에 'tell & sell' 방식 부분에서 더 설명을 하겠다.

■5 목표설정에의 '참여'는 그다지 중요하지 않다.

동기부여를 다루는 이론으로서 목표설정이론을 논할 때 가장 주의를 기울여야 하는 것이 바로 참여의 문제이다. 이는 상사나 리더가 할당해주는 목표(assigned goals)가 성과 향상에 효과가 있는지, 아니면 담당자가 직접 참여하여 설정하는 목표(participative goals)가 더 높은 성과를 달성하는지와 관련된 이슈다. 달리 말하자면, 목표 난이도를 설정하는 데에 업무 담당자의 의견이 반영되는 것이 성과 향상에 어떤 효과를 갖는가에 대한 논의이다.

요즘의 전반적인 경영의 추세는 구성원들에게 의사결정권을 위임하거나 구성원들의 참여를 강조하는 방향으로 흐르고 있는데, 목표설정이론이 이와 관련하여 주장하는 내용은 매우 흥미롭다. 목표설정 시 참여에 관하여 주로 1980년대에 열띤 논쟁이 벌어졌다. 논쟁의 내용을 정리해보면, Locke와 Latham을 비롯한 미국의 목표설정이론 학자들은 리더가 목표를 설정해줄 때 더 높은 성과가 달성된다고 주장했다. 그 이유는, 업무담당자가 목표 설정과정에 참여하여 목표를 세우는 경우에는 그 담당자는 자신이 세운 목표가 나중에 자신의 성과를 평가하는 기준이 될 것이라는 것을 알기 때문에 성과 수준을 극대화하는 높은 수준의 목표를 세우는 것은 결국 '자기목 조르기'가 될 것이라고 생각하기 때문이다. 따라서 가능하면 달성하기 수월한 수준으로 목표를 낮게 정하는 경향이 있기 때문에 참여는 목표 난이도가 하향화하는 현상을 동반하게 된다. 이렇게 낮은 목표는 결국 낮은 성과 수준으로 이어진다. 따라서 성과 수준만 고려한다면, 참여는 그다지 효과적이지 않다. 결국 업무 내용 및 업무수행자의 능력을 잘 아는 '현명한' 리더가 적절한 수준 또는 가장 도전적인 수준의 목표를 설정해주는 것이 성과 수준을 극대화하는 방법인 것이다.

그러나 동일한 주제를 갖고 연구를 거듭해본 다른 학자들, 주로 이스라엘 학자들은 반대의 결과를 발견하였다(Erez et al., 1985). 즉, 업무 수행자가 참여를 통해 목표를 설정했을 때 더 높은 성과가 나왔다. 목표 설정 과정에 참여를 하는 경우, 목표에 대한 소유의식과 책임감을 갖게 되고 목표에 대한 이해도도 증가하여서 그 목표를 달성하기 위해 더욱 노력하게 된다는 것이 그들의 설명이었다.

이렇게 상반된 연구 결과들이 논쟁대상이 되자 1990년대 초에 Locke는 재미있는 제안을 했다. 자신들의 입장하고는 정반대되는 입장이던 이스라엘 학자들에게 미국으로 와서 같이 협력하여 실험을 해보자는 제안을 한 것이다. 이들 학자들은 미국 동부에 모여 같이 연구를 진행했고, 그 결과 아주 의미 있는 사실을 발견했다. 즉, 그들의 연구에서 목표를 할당하는 방식에 있어서 큰 차이가 있었다는 것이다. 미국의 문화는 개인주의적인 문화다. 개인들은 자신들이 느끼는 이견이나 불만을 자연스럽게 표출하고, 개인이 조직을 위해 희생하고 따르는 것을 미덕으로 여기지 않는다. 미국의 문화는 또한 개인들의 독특한 특성을 존중하는, 이른바 다양성에 기반한 문화이기 때문에, 이런 문화에서는 상사가 목표 수준을 명확히 설정해 주는 경우에도(tell), 구성원들의 불만이나 이견이 쉽게 표출된다. 그런 상황에 익숙한 미국의 리더들은 그런 난이도가 설정하게 된 기준이나 근거에 대한 설명을 자연스럽게 하게 되고 그 목표가 충분히 달성 가능한 수준이라는 점도 자연스럽게 설명하는 등의 소통이 있었던 것이다. 그리고 도움이 필요하면 언제든지 요청하라는 식의 지원적 자세도 보였을 것이다. 즉, 목표 할당에 있어서 일종의 설득 과정(sell)이 자연스럽게 발생하였던 것이다. 이런 상황에서 할당된 목표가 좋은 효과를 발휘하였다.

반면, 이스라엘의 문화는 위계적이면서 상사의 권위에 복종하는 것을 존중하는 문화다. 그런 문화에서는 상사가 목표를 할당하는 경우, 목표의 난이도에 대한 정보만 제공하고 구성원들은 묵묵히 받아들이는 듯한, 또는 받아들여야만 한다는 분위기가 형성되었던 것이다. 즉, 목표 난이도의 전달이라는 tell만 존재했다. 그러한 상황에서는 할당된 목표는 참여적 목표보다 성과가 낮게 나타났던 것이다.

이런 일련의 논의들은 기업 경영에 매우 중요한 시사점을 제공하는데, 정리하자면, 목표설정이론의 고유한 주장은 성과 수준을 향상시키는데에는 할당되는 목표의 효과가 참여의 효과보다 더 크다는 점이다. 참여는 목표 난이도를 하향조정하기 때문이다. 하지만, 할당을 잘 해야 한다. 즉, 난이도 수준만 전달 또는 명령하는 'tell' 방식이 아니라 목표 난이도에 대한 충분한 소통이 이루어지는 'tell & sell' 방식을 활용해야 한다. 이것은 앞서 설명하였던 목표설정이론이 중시하는 목표 몰입과도 일맥상통하는 내용이다. 할당되는 목표가 성과 향상이라는 결과로 효과적으로 이어지려면 구성원들이 이런 목표를 자신의 목표로 받아들이고 몰입해야 하는데, 그러기 위해서는 상사의 sell 과정이 매우 중요하다는 것이 목표설정이론의 시사점이다.

■6 피드백의 중요성

목표의 핵심적인 동력은 정보적 인지처리 과정이다. 자신이 원하는 바, 즉 원하는 목표 수준과 현재 놓인 상황 사이의 차이를 인지하는 것은 매우 중요하다. 적절한 피드백을 통하여 이런 차이를 인지함으로써 노력을 더욱 기울이게 된다. 따라서, 목표설정이론에 있어서 피드백의 역할은 매우 중요하다. 피드백이 목표설정이론에서 갖는 중요성은 평가나 보상과 관련된 측면에서가 아니라 목표 달성을 향한 구체적인 진척 정도를 인지하게 하는 정보이기 때문이다. 따라서 목표달성 진도를 알려주는 구체적인 피드백을 적시에(timely) 제공받고 인지하는 것은 매우 중요하다. 피드백은 업무를 수행하면서 본인이 스스로 인지할 수도 있으며, 상사가 적절하게 제공할 수도 있다. 다만 상사가 피드백을 제공하는 경우, 자칫 평가적인 뉘앙스를 전달할 수 있기 때문에 목표 설정의 효과를 기하기 위해서는 조심해야 한다.

▪7 외재적 동기와의 조화로운 결합: MBO

목표설정이론은 실제 많은 기업에서 활용하고 있을 뿐 아니라 구성원들의 성과를 향상시키기 위해 신속하게 시도해볼 수 있는 편의성이 있는 이론이다. 즉, 실무적 시사점이 가장 큰 이론이라고 생각한다. 이미 많은 기업이 목표에 의한 관리(MBO)를 활용하고 있는데, MBO의 작동 논리를 설명하는 것이 바로 목표설정이론이다.

목표설정이론과 MBO는 논리와 주장이 대부분 일치한다. 원칙적으로, MBO는 목표설정이론에 기반하기 때문에 최고경영자가 기업의 목표를 먼저 세우면 이 목표가 부문－부서－팀－개인의 목표에 반영되는, 즉 목표의 캐스케이딩(cascading) 과정에 기반한다. 즉, 할당되는 목표를 의미한다. 하지만, 요즘 참여가 전반적으로 강조되는 추세를 따라서 MBO를 활용하는 많은 기업들이 목표설정에 구성원들의 참여적 요소를 반영하기도 한다. 즉, MBO 과정에는 상사와 담당자 간의 미팅이 존재하는데, 목표 수준을 정하는 이 자리에서 업무수행자의 의견을 반영하여 목표의 난이도를 수정하기도 한다. 물론 이렇게 참여가 가미된 부분은 본연의 목표설정이론과는 차이가 있더라도 담당자의 목표 몰입을 유도한다거나 내재적 동기를 강화시키는 효과를 기할 수 있다는 점에서 의미가 있을 수 있다. 여기서 중요한 점은 MBO에서 목표달성 시의 외재적 보상이 구성원들의 동기를 촉진시킨다는 점이다.

▪8 다른 동기 이론들과의 마찰적, 조화적 관계

우선, 목표설정이론은 기대이론과 마찰을 일으킬 수 있다. 마찰이 빚어지는 이유는, 기대이론의 요소인 기대감은 어려운 목표보다는 쉬운 목표를 설정하는 경우에 높게 나타나기 때문이다. 따라서 기대이론에 의거하자면, 다른 요소들이 동일하다면, 쉬운 목표를 설정하는 경우에 동기부여 효과가 높지만, 목표설정이론에 따르면 목표의 난이도가 낮기 때문에 성과 수준이 낮은 것이다. 이런 마찰은 학자들 사이에서도 중요한 요소이기 때문에 목표 난이도를 상황별로 분류하여 분석하는 등의 여러 시도가 이뤄졌다. 그러한 논의들의 전반적인 결론은, 목표의 난이도가 일정한 상황에서는 기대감이 높은 사람이 더 높은 성과를 보이지만(기대이론과 일치), 개인의 목표 난이도를 증가시키게 되면 기대감이 낮아지더라도 어려운 목표가 성과 향상으로 이어져서 성과가 향상된다는 결과(기대이론과 차이, 목표설정 이론의 승리)로 설명하고 있다(Locke & Latham, 2002).

한편, 목표설정이론은 사회적 학습이론에서 주장하는 자기효능감과는 조화롭다. Locke과 Latham(2002)은 자기효능감이라는 것이 단일의 성과보다는 폭넓은 범위의 성과 수준을 고려하여 인지되는 업무의 자신감이기 때문에 목표 난이도와 조화롭게 형성된다고 설명한다. 즉, 자기효능감이 높은 사람들이 더 높은 수준의 목표를 설정하고 주어진 목표에 더 몰입하며 목표달성을 위해 더 적극적인 노력을 기울여서 성과향상으로 이어진다는 점이다. 이렇듯, 기대감과 자기효능감은 자신감이라는 유사한 개념이지만 기대이론과 사회적 학습이론이라는 각각의 프레임 속에서 목표설정이론과는 다른 관계를 형성한다는 점은 참 흥미로운 내용이다. 이론적으로는 이러한 차이는, 외재적 동기 이론으로서의 기대이론이 만족감과 같은 쾌락주의적인 측면을 포함하는 접근인 반면, 목표설정이론과 사회적 학습이론은 철저하게 인지적인 정보처리 측면에 초점을 두었다는 근본적인 차이를 반영하는 것이기도 하다.

목표설정이론과 과학적 관리의 관계도 매우 조화롭다. 목표설정이론을 구축한 Locke는 목표설정이론을 과학적 관리의 맥을 이은 이론이라고 설명한다(Locke, 1978). 과학적 관리가 '업무와 인센티브'의 효과를 최초로 체계적으로 주장한 것이 목표설정이론의 '목표와 피드백'에 대한 강조로 이어진다는 것이다. Locke는 Taylor가 생산직 근로자들에게 적용하였던 시간연구가 발전하여 사무직 관리자들에게 적용된 것이 바로 MBO라고 설명한다. 즉, 시간 연구를 통한 효율적 업무 관리와 생산성 극대화의 논리가 목표의 난이도 조정과 목표 달성 정도에 대한 피드백의 논리와 같은 선상에 있다는 것이다. 이 책에서는 Tayor의 과학적 관리를 임금의 효과를 주장하는 외재적 동기의 출발점으로 설명하였다.

물론 그러한 분석은 동기관리 측면에서 구분한 것이지만, 전반적으로 과학적 관리가 지극히 인지적인 목표설정이론의 기반이 된다는 Locke의 논리는 흥미롭다. 이것은 한편으로는 앞서 설명한 바와 같이 외재적 동기와 인지적 동기가 근본적으로 조화로운 관계에 있다는 설명을 지지하는 내용이라고도 하겠다.

■9 다중 목표(multiple goals)의 효과는?

목표에 대한 논의들은 지금까지 설명한 목표 자체의 효과에 대한 논의에서 벗어나 다중 목표(multiple goals)에 대한 영역으로 확장될 수 있다. 대표적인 것이 학습 목표(learning goal)와 성과 목표(performance goal)라는 두 유형의 목표의 차별적인 효과에 대한 연구들이다. 우선, 학습 목표 지향적인 개인들은 보다 적응적인 행동을 보이고 높은 수준의 목표를 설정하며 실패에 직면하더라도 잘 적응하는 반면, 성과 목표 지향적인 개인들은 낮은 수준의 목표를 세우고는 상황에서 쉽게 벗어나고자 하는 행동을 보이는 성향이 있다는 논의들, 즉 학습 목표 지향을 보다 더 중시하는 논의들이 다수 존재한다(DeShon & Gillespie, 2005; Dweck & Leggett, 1998; Heyman & Dweck, 1992). 그런데 이러한 주장을 펼치는 많은 연구들이 학생들을 대상으로 하는 학습 현장을 다루었다는 점에서 한계를 갖는다. 즉, 샘플 특성으로 인하여 학습 목표의 중요성이 더 강조되었을 수 있다.

반면, 다중 목표와 관련하여 목표설정이론가들은 다른 논의를 펼치는데, 가령 성과 목표가 오히려 성과를 증가시키는 반면, 학습 목표는 관심만 증가시킬 뿐 성과 향상에는 효과가 없다는 주장이다(Locke & Latham, 2002). 실제 조직 관리는 다중 목표를 많이 활용하게 되므로 성과 목표와 학습 목표 간의 차별적인 효과를 고려하여 조화롭게 관리를 해 나가야 할 것이다. 다만 연구적인 측면에서는 강의실의 차원을 벗어나, 실제 작업장에서 조직 구성원들이 처한 상황과 행동을 점검하는 연구들이 더욱 축적되어야 할 것으로 보인다.

■10 정서적(affective) 측면의 논의들

목표설정이론의 강점은 앞서 기술한 바와 같이 개인의 만족감과 같
은 변수들을 배제하고 성과 향상이라는 뚜렷한 목적 달성으로 이어지는
과정을 무척 잘 설명한다는 데 있다. 그런데 비교적 최근에 조직행동 분
야에서 감정이나 정서적 측면에 대한 강조가 증가하면서 이런 논의들이
목표설정이론과도 연동되고 있다. 즉, 목표설정이론 자체는 사람들의 주
관적인 특성이나 정서적인 면은 철저히 배제하고는 개인차와 상관없이
효과를 발휘하는 '차가운(cold)' 측면을 분석하는 이론이지만, 회사가 높
은 목표를 제시하는 경우에는 수행자가 평가의 두려움을 갖게 되지만
자신이 스스로 목표를 설정하는 경우에는 열정을 가지게 된다는 식으로
목표가 갖는 정서적인 효과에 대한 연구가 진행되고 있다(Welsh et al.,
2020). 이러한 측면은 이론적으로 새로운 시도로 앞으로 연구가 더 진행
되어야 할 영역으로 보인다. 정서적 측면의 논의들이 갖는 내용과 시사
점에 대하여서는 마지막 장에서 다시 살펴볼 것이다.

■11 목표설정이론 활용시 주의사항!

목표설정이론을 마무리하면서 다시금 강조하고 싶은 것은, 이 이론
은 매우 강력한 이론이지만 다른 모든 이론과 마찬가지로 한계점들도
고려해야 한다는 것이다. 즉, 대부분의 목표설정이론의 실험들이 계량화
가 가능한 단순 반복적인 업무들 위주로 이루어졌기 때문에, 기술이나
역량과 같은 개인차가 핵심적인 변수로 작용하는 경우는 목표 자체가
갖는 효과가 줄어들 수 있다(Locke & Latham, 2002). 하지만 단순 반복적
인 업무라는 것이 반드시 생산조립라인에서 수행하는 육체노동 같은 업
무를 의미하는 것은 아니다. 전체적으로는 복잡하고 많은 고민과 생각
을 필요하는 팀장의 업무더라도, 직무 분석을 해보면, 업무 수행절차가
표준화 가능하고 반복적으로 이루어지는 부분들이 다수 존재하기 때문
에 이러한 업무들을 대상으로 적용한다면 목표설정이론이 큰 효과를 낼
수 있다. 아무리 복잡한 업무라 할지라도 업무를 구체적으로 들여다보

면 업무 수행절차가 정형화될 수 있는 부분이 상당히 존재하기 때문에, 이런 영역에 목표설정이론을 선별적으로 적용할 필요가 있을 것이다.

(3) 정보의 '양'과 '질'의 효과

■1 배경

정보의 양과 질에 대한 집중적인 논의를 하는 시그널링이론(signalling theory)은 경제학에서 비롯된 이론이다. Michael Spence(1973)가 시장에서 유통되는 정보 및 추론(inference) 현상에 초점을 두고 분석한 이 이론은 정보 비대칭 상황에서 정보의 흐름에 따라 이루어지는 합리적 의사결정을 설명하였는데, Spence는 이에 대한 공로로 2001년에 노벨상을 받았다.

현실에서 의사결정에 활용할 수 있는 정보는 개인간 또는 개인과 조직 간에 비대칭적으로 존재한다. 시그널링이론은 이러한 상황에서 정보를 많이 보유한 사람이 그렇지 못한 사람에게 정보를 제공함으로써 자신에게 유리한 쪽으로 합리적 의사결정을 내리게 만드는 과정을 설명한다. 그러한 예로, Spence(1973)는 노동 시장에서 지원자들이 교육이라는 정보에 투자하여 조직에 시그널링하는 현상에서 논의를 시작하였다. 하지만, 그의 논거는 이후 다양한 조직 현상 및 개인 행동들을 설명하는 데에도 큰 영향을 미쳐 많은 경영학 연구들의 기반이 되었다(Connelly et al., 2011).

시그널링이론은 특히 정보가 불충분한 상황에서 정보의 흐름이 의사결정에 미치는 효과를 설명하고 있는데, 이러한 정보의 효과는 불확실하거나 불안정한 상황에서 중요성이 배가된다. 앞으로의 조직과 구성원 간의 관계는 매우 불확실하고 불안정해질 것이라고 학자들은 예측하는데(Ashforth, 2020; Kniffin et al., 2021), 그러한 상황에서 구성원의 행동 이해 및 관리에 있어서 시그널링이론이 갖는 의미는 더욱 증가할 것이다.

■2 시그널링 효과란?

시그널링 효과는 단적으로 설명하자면 정보에 기반한 추론 현상을 의미한다. 하지만 모든 정보가 시그널이 되지는 못한다. 시그널링 효과가 발생하기 위해서는 정보가 비용을 동반하여야 한다. 즉, 그 정보를 시그널화하기 위해 비용을 투자해야 하고, 또 그 정보가 잘못된 것으로 판명되는 경우에도 비용을 치르게 되어야 한다. 전자의 경우, 지원자들이 자신을 차별화하기 위하여 교육 수준을 높이는 데에는 교육에 시간과 비용을 투자해야 하는 것이다. 그러한 정보를 받는 조직은 그러한 투자가 발생한 교육이라는 정보가 그 사람의 자질이나 향후 성과에 대한 잣대가 될 것이라는 추론을 하게 된다. 이런 점에서 나이나 성별 같은 요소는 정보이기는 하지만 시그널이 되지 못한다. 후자의 경우, 즉 정보가 거짓인 경우에 치르게 되는 비용의 경우는, 기업이 상품에 대하여 거짓 정보를 제공하는 경우를 예로 들 수 있다. 소비자들은 상품에 대하여 기업이 제공하는 정보가 참일 것이라고 받아들이는데 이것이 만약 거짓이라면 기업은 막대한 비용을 치를 것이기 때문이라는 추론이 발생하기 때문이다. 이와 같이 정보는 비용을 동반함으로써 시그널로서의 효과를 갖는데, 추론이 그 핵심적인 메커니즘이다.

시그널링 효과가 발생하는 추론에 대하여 두 가지 측면에서 조금 더 구체적으로 살펴보자. 첫째, 비가시적 특성(unobservable qualities)에 대한 추론이다. 예를 들어, 기업들이 활용하는 상품 광고에서, 소비자들은 광고를 통해 얻은 정보를 바탕으로 아직 알지 못하는 상품의 특성에 대해 추론하게 된다. 이러한 추론이 시그널링 효과의 중요한 부분이기 때문에, 광고 내용이 실제 판매하는 상품과 직접적인 관계가 없는 정보이더라도 소비자들의 추론을 통해 판매가 증진되는 효과를 볼 수 있다(Kihlstrom & Riordan, 1984).

시그널링 효과의 두 번째 특성은 모방이 어려울 거라는 고객의 믿음이다. 즉, 물건을 구매한 이후에는 광고에서 제공한 상품의 품질에 대한 정보의 사실 여부가 판명나기 때문에, 고객들은 품질이 낮은 제품을 판매하는 회사들이 품질이 좋은 제품을 판매하는 회사의 광고를 모방하여 광고를 하지는 않을 것이라는, 즉 그런 행위를 한 경우 품질이 낮은 제품을 판매한 회사들이 치러야 하는 비용은 상당할 것이라는 믿음을 갖게 된다(Kihlstrom & Riordan, 1984; Nelson, 1974). 결국 소비자들은 저품질 회사가 나쁜 의도로 거짓 정보를 퍼뜨리는 경우에는 그에 상응하는 비용을 치르게 될 거라고 믿음으로써 회사가 광고를 통해 제공하는 정보는 타당하고 믿을 만하다며 추론하게 되고, 그로 인해 시그널링 효과가 발생한다.

　이와 같이 소비자들의 추론 과정이 존재하기 때문에, 고품질 제품을 판매하는 회사들이 시장에 정보를 방출하려는 동기를 갖게 된다(Boulding & Kirmani, 1993; Connelly, Certo, Ireland, & Reutzel, 2011). 그런데 기업이 정보를 흘려보내어 정보의 양이 증가함에 따라 '세퍼레이팅 균형(separating equilibrium)'과 '풀링 균형(pooling equilibrium)'이라는 두 유형의 균형상태가 도래할 수 있다. 고품질과 저품질을 차별화하는 정보를 유통시키는 데에 발생하는 비용이 클수록 고품질 기업만이 해당 정보를 제공할 수 있게 돼 고품질군과 저품질군 사이의 경계가 명확하게 나눠진다. 이런 경우가 세퍼레이팅 균형에 해당한다. 반면에 그러는 데 드는 비용이 크지 않아서 고품질이건 저품질이건 모든 회사가 유사한 정보를 내보내는 경우에는 풀링 균형 상태가 도래한다(Boulding & Kirmani, 1993; Connelly et al., 2011; Etzion & Pe'Er, 2014). 세퍼레이팅 균형 상황에서만 시그널링 효과가 발생하기 때문에 고품질 회사는 자신들을 효과적으로 저품질과 차별화할 수 있는 정보를 내보내는 것이 핵심적인 전략이 된다.

　시그널링이론의 출발점은 노동시장에서 교육이 발휘하는 효과에 바탕을 뒀는데, 이런 점에서 교육이라는 정보가 갖는 시그널링 효과는 인적자본 시각(human capital view)과 차이를 갖는다. 인적자본 시각에서는 교육 수준이라는 것이 실제 노동생산성을 증가시키는 중요한 변수로 고려된다면, 시그널링이론에서는 교육 수준이 이와 연동되는 다른 비가시적 특성에 대한 추론을 발생시키는 효과를 갖게 된다(Weiss, 1995). 그

래서, 교육 수준이라는 정보가 우수한 지원자와 그렇지 못한 지원자를
차별화하는 시그널링의 역할을 하는 것이다.

■3 시그널링 과정

시그널링 효과가 발생하는 과정은 다음과 같다. 우선 시그널 발신
자가 특정의 목적을 가지고 정보를 발신한다(t=0). 이때 그 내용은, 개
인들이 자신의 잠재적 능력을 강조하는 것일 수도 있고, 기업이 자신들
의 상품의 품질이 우수하다거나 훌륭한 조직이라는 자랑거리일 수도 있
다. 이러한 정보가 수신자에게 접수가 되고(t=1), 수신자는 주어진 시그
널을 해석하여 지원자를 선발한다거나 상품을 구매한다거나 조직에 입
사 지원하는 등의 의사결정을 내리게 된다(t=2). 그리고 이후의 수신자
가 시그널 제공자에게 피드백을 제공하는데, 가령 품질에 대한 불만을
제기한다거나 선발자에 대한 부정적인 평가를 내린다거나, 또는 입사
후 조직에 대한 배신감을 느끼고 불만을 토로하는 등의 행위들이 발생
한다(t=3). 이 그림은 일회적인 측면에서 시그널 효과가 발생하는 과정
을 설명하지만, 이러한 관계는 반복적으로 변화하면서 발생한다. 가령 A
사가 판매하는 특정 상품에 대한 광고를 통하여 시그널 효과가 발생하

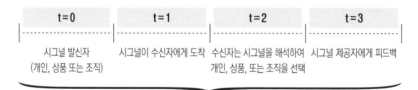

그림 19 | 시간 경과에 따르는 시그널링 과정(Signaling Timeline)

| t=0 | t=1 | t=2 | t=3 |

시그널 발신자 (개인, 상품 또는 조직) / 시그널이 수신자에게 도착 / 수신자는 시그널을 해석하여 개인, 상품, 또는 조직을 선택 / 시그널 제공자에게 피드백

Signaling Environment
시그널링 환경

출처: Connelly, B. L., Certo, S. T., Ireland, R. D., & Reutzel, C. R. 2011. Signaling theory: A review and assessment. *Journal of Management*, 37: 39-67.

여 상품을 구입하였으나 품질에 대하여 불만을 갖게 된다면 A사의 다른 상품에 대한 시그널 효과가 감소할 수 있다. 또한 특정 기업에서 학력이 주는 시그널 효과로 인하여 지원자를 선발하였는데, 기대만큼 성과를 내지 못한다면 다음 선발에서 학력이 주는 시그널 효과는 점차적으로 감소할 수 있다.

■4 언제 시그널링 효과가 중요한가?

시그널링 효과는 '경쟁적(frequent) 시장'으로 정의되는 경우에 특히 중요하다. 경쟁적 시장이라 함은 정보를 방출하는 개체(조직 또는 개인)의 수가 많은 경우(Spence, 1973), 또는 개체들 사이에 치열한 경쟁이 존재하는 경우(Michael, 2009)를 의미한다. 이런 경우에는 경쟁자가 모방할 수 없는 정보를 방출함으로써 고품질의 기업이 되는 이점을 적극 확보할 수 있다. 반대로 '비경쟁적(infrequent) 시장'의 경우에는 굳이 차별화할 필요성이나 차별화를 위해 비용을 투자할 필요성을 갖지 못하기 때문에 시그널링 효과는 의미가 없다(Spence, 1973). 그런데 앞에서 설명한 구직과 선발 시장은 경쟁적 시장에 해당한다. 즉, 지원자들은 선발되기 위해 다수의 경쟁자들과 경쟁하는 상황이고 조직은 우수한 인적자원을 확보하기 위해 다수의 조직들과 경쟁하는 상황이다. 그런데 비단 구직 및 선발 시장이 아니더라도 기업들이, 그리고 구성원들이 당면하는 일상적인 상황은 대부분 경쟁적 상황을 충분히 반영하고 있다고 봐도 무리가 없을 것이다. 따라서 현대 직장인들의 생활 속에서 시그널링이론의 적합성은 매우 높다.

■5 개인 = 시그널 발신자인 경우

시그널링 효과는 주로 선발 시장에서 조직과 구직지원자의 관계를 설명하는 데 효과적으로 활용된다. 교육수준이 미래 생산성을 예측할 수 있는 신뢰할 만한 정보라고 믿는다면, 회사는 교육수준이 높은 지원자에게 높은 임금을 제공할 것이다. 그러면 잠재적 능력을 가진 사람은 교육수준을 높이기 위해 투자를 할 것이고, 학위를 획득할 만한 자질을 갖추지 못한 사람이 교육에 투자하는 것은 낭비(곧, 높은 비용)를 초래하는 셈이 된다. 이로 인해 기업은 높은 교육을 받은 사람을 선발하게 되는데, 선발 후에 이들이 정말 우수한 인재라는 결론이 재확인된다면 선발에 더욱 영향을 미쳐서 회사는 다시 교육수준이 높은 지원자에게 더 높은 임금을 제공하며 선발할 것이다. 이러한 방식으로 교육이라는 것이 우수한 지원자와 그렇지 못한 지원자를 구분하는 시그널로 작동되는 세퍼레이팅 균형이 야기된다. 따라서, 만약 교육이 우수한 개인과 그렇지 못한 개인에게 동일한 비용을 초래한다면 교육은 결국 시그널의 역할을 하지 못하게 되는 것이다(Bengerter et al., 2012). 이런 현상은 개인이 정보의 시그널 발신자가 되는 상황이라고 하겠다.

■6 조직 = 시그널 발신자인 경우

선발 시장에서 조직이 시그널 발신자가 되어 지원자의 의사결정에 영향을 미치는 과정도 의미가 있다. 즉, 시장에 기업에 대한 정보가 흘러나감으로써 기업에 유리한 결정이 이루어지는 경우이다. 이러한 시각에서는 특히 기업 평판이 갖는 효과에 관하여 연구가 활발하게 이루어졌는데, 예를 들어 기업이 경제적인 성과뿐 아니라 사회적인 역할을 잘 수행하는 경우에 좋은 평판과 매력도를 확보하게 되어 우수 인재를 선발할 가능성이 높다는 결과가 제시되고 있다(Lin et al., 2012). 또한, 입사를 고민하고 있는 지원자들은 기업의 대외적인 이미지에 많이 의존하기 때문에 좋은 이미지를 갖고 있는 기업의 구성원이 되어 자신에 대한 자부심도 높이고 싶어 한다는 논의들도 존재한다(Barber & Roehling, 1993; Behrend et al., 2009; Jones et al., 2014; Rynes & Barber, 1990).

기업 평판이 갖는 시그널링 효과는 지원자들뿐 아니라 기존의 구성원에게서도 나타나는데, 예를 들어, Dineen과 Allen의 연구(2016)에 따르면 외부 시장에서 최고의 직장 순위, 제3자 또는 전문가들이 평가하는 순위 등 기업의 평판 또는 고용 브랜드(employment branding)가 구성원들의 이직을 줄이는 효과가 있다. 외부 시장에서의 기업 평가가 그 조직의 구성원들에 대한 평가로도 이어져서 외부 시장에서 높은 평가를 받는 조직의 구성원들이 더 능력이 있다는 인상을 주기 때문에 구성원들이 이직하지 않고 머무는 효과를 갖게 된다는 논의이다(Bidwell et al., 2015; Rider & Tan, 2015). 또한 외부 평판이 우수한 조직의 구성원들은 조직에 기반하는 자부심(organization-based self-esteem)이 출중하여 결과적으로 직무 만족, 조직몰입, 성과, 시민행동과 같은 결과 변수들이 높게 나타난다(Bowling et al., 2010). 결국 기업이 자신들에게 유리한 정보를 외부에 시그널링함으로서 우수 인재 선발에 도움을 받을 뿐 아니라 구성원들의 안정감, 응집력, 애사심 등을 증가시키는 효과가 있다고 정리할 수 있다.

보다 구체적으로 시그널의 특성을 살펴보자면, 기업 평판에 대한 내용은 두 가지 측면으로 나누어 볼 수 있다. 즉, '기업의 사회적 책임'과 '공정한 관리'에 대한 평판이다. 우선 전자에 관해서는, 기업이 사회적 책임을 적극적으로 이행하는 경우, 우수한 기업이라는 추론을 이끌어 낼 수 있다. 사회적 책임과 관련한 정보는 여러 측면에서 제시될 수 있겠지만, 최근 특히 중요성이 부각되는 ESG 평가와 같은 지표도 포함한다. 환경(Environment)·사회(Social)·지배구조(Governance)를 의미하는 ESG는 기업의 비재무적 성과를 측정하는 대표적인 지표로 투자자들의 의사결정을 좌우하는 핵심 요소로 최근 그 중요성이 크게 부각되고 있다. 학계에서도 불확실한 경영환경에서 기업의 지속가능성을 분석하는 전략 분야(이정기·이재혁, 2020)나 재무 분야(민재형·김범석·하승인, 2015)에서 ESG 관련 연구가 시작되고 있다. 인적자원 및 조직행동 분야에서는 아직 ESG 관련 연구가 부재하지만, 위에서 기술한 평판에 대한 논의나 시그널링 이론에 비추어 보면 ESG의 중요성이 사회적으로 증가함에 따라 ESG에서 높은 평가를 받는 조직은 전반적으로 관리도 효과적으로 할 것이라는 추론을 통하여 지원자들에게 매력적으로 어필하거나 구성원들에게 긍정적인 효과를 가져올 수 있다.

기업이 시장에 시그널링하는 효과에 대한 일련의 연구들은 보다 구

체적으로 인적자원관리에 대한 시그널 효과도 지지한다. 관련된 연구로
는 Wayne과 Casper의 연구(2012)가 대표적인데 이들은 인적자원관리
가 가지고 오는 외부 평판의 측면에 초점을 맞추고 있다. 즉, *Fortune
Magazine*과 같은 공신력있는 정보망을 통하여 제공되는 기업의 보상
수준, 일-가정 양립, 다양성의 추구 등과 같은 관리 방식이 우수하다고
평가받는 조직은 이 명성 덕분에 외부 노동시장에 있는 기업 지원자들
에게 매력도가 증가한다. 또한 최근의 여러 연구들(Bidwell et al., 2015;
Dineen & Allen, 2016)도 '일하기 좋은 회사'로 선정되는 등 사회에서 인정
받는 기업 평판이 조직의 인적자원관리 측면에서 긍정적인 영향을 갖는
다는 점을 언급하고 있다. Chang과 Chin의 연구(2018, 176쪽)도 비슷한
결과를 도출하였는데, 국내 기업들의 경우에도 회사가 홈페이지를 통하
여 스스로 인적자원관리를 잘하고 있다는 정보를 유출하는 것이 외부
시장에 시그널 효과를 가져와 지원자들을 증가시킨다는 결과를 확인하
였다.

■7 조직 내부에서 발생하는 시그널링 효과

　　지금까지 설명한 외부 시장이나 사회뿐 아니라 조직과 내부 구성원
과의 관계에서도 시그널링 효과가 쌍방향으로 발생한다. 우선, 조직은
여러 가지 방식을 활용하여 시그널 발신자가 된다. 사실 구성원들은 일
상적인 업무에 몰두하다 보면 회사의 가치나 철학에 대해 항상 진지하게
생각하거나 이해하지 못하는 경우가 많다. 그래서 회사의 가치 및 미션
과 관련해서 회사와 구성원들 사이에 정보 비대칭 현상이 발생할 수 있
기 때문에 구성원들에게 효과적인 시그널링을 할 필요가 있다. 예를 들
어, 회사가 효과적인 인적자원관리 방식을 도입했다고 해도, 구성원들이
적정한 방향으로 시그널을 인지하지 못하거나 회사의 의도를 오해한다면
그 방식이 제대로 작동할 수 없기 때문에, 회사는 구성원과 제도의 도입
을 넘어선 차원의 소통을 지속적으로 해야 하고, 비가시적인 속성들에
대한 소통은 특히 더 잘 할 필요가 있다(Dineen & Allen, 2016).

이와 같이 현재의 구성원들을 대상으로 하는 시그널링의 효과는 그들의 회사에 대한 신뢰감을 증가시킬 수 있다. 이를 위해서는 신뢰할 만할 시그널(quality signal)을 제공하는 것이 필요하다(Klimchak et el., 2020). 앞서 설명하였다시피 시그널은 거짓임이 판명되는 경우에는 막대한 비용이 발생할 것이라는 전제에 기반하여 추론이 발생하는 것이기 때문에 잘못된 시그널은 구성원들의 조직에 대한 불신으로 이어질 수 있다. 따라서 조직 내에서 핵심적인 위치에 있거나 신뢰를 받는 구성원에 의한 시그널 효과를 진지하게 고민해봐야 할 것이다.

한편, 구성원들이 시그널 발신자가 되는 현상도 많이 발생한다. 이 경우는, 구성원들이 자신의 가치를 돋보이게 하기 위해, 그런 행동을 하지 않았다면 묻혀버릴 자신에 대한 정보를 방출하여 자신에게 유리한 결과를 유도하는 현상을 의미한다. 시그널링이론이 구성원들의 동기와 행동에 적용된 연구들이 아직 많이 부족한 상황이지만, 이러한 경우와 관련이 있는 흥미로운 연구가 있다. 조직시민행동(OCB)에 대한 연구인데, 조직시민행동은 동료들에게 도움을 주는 행동(OCB-Inidividual)도 있으며 조직의 자원을 아낀다거나 조직이 변화하는 데 도움이 되는 의견을 자발적으로 제시하는 등의 조직에 도움이 되는 행동(OCB-Organization)을 포함한다(Anderson & Williams, 1996; Van Dyne et al., 1995). 조직시민행동은 구성원의 자발적인 행동이면서 조직의 발전에 의미있는 기여를 하기 때문에 주로 사회적 교환관계에 기반하여 많은 연구가 이루어졌다.

이러한 조직시민행동에 대하여 시그널링이론은 색다른 논거를 제시한다. 예를 들어, Salamon과 Deutsch(2006)는 주어진 직무 행동만으로는 다른 사람들에게 드러나지 않는 자신의 모습이나 능력(즉, 비가시적 특성)에 대한 정보를 조직시민행동을 통하여 내보냄으로써 자신에게 유리한 방향으로 정보 균형을 추구하고 의사결정을 유도하는 시그널 역할을 한다는 설명을 하고 있다. 예를 들어, 캐셔와 같은 구성원이 자신의 업무와 상관이 없지만, 자발적으로 회사 내 모임을 성공적으로 주도하는 행동을 보임으로써 자신의 업무 행동만으로는 드러나지 않는 자신의 숨은 능력에 대한 정보를 방출하는 것이다. 이때, 그런 능력이 없는 사람들은 그런 조직시민행동을 감히 해내지 못할 것이기 때문에, 조직시민행동은 역량이 있는 개인과 그렇지 못한 개인들을 차별화하는 중요한 시그널 효과를 갖는다는 주장이다. 그리고 이러한 효과는 추후 승진이나 전환 배치 등의 결정에 유리하게 작용할 수 있기 때문에 개인으로서도 그러한 정보를 방출할 동기가 충분한 것이다. 지금까지 나온 조직시민행동에 대한 설명들은 구성원들이 자발적으로 보이는 일종의 미덕 같은 행동으로 간주했기 때문에 시그널 효과로 조직시민행동을 해석하는 것은 매우 흥미로운 관점이다. 즉, 과거에는 조직이 구성원들에게 폭넓은 지원을 할 때는 구성원들이 자발적으로 조직시민행동을 하는 조직과 구성원 간의 상호 교환관계의 틀에서 논의가 이뤄졌지만, 시그널링이론은 조직시민행동을 구성원 본인의 이해관계를 극대화하기 위한 합리적인 행동으로써 자신의 숨은 능력에 대한 시그널을 보내는 것이라는, 즉 구성원이 시그널 발신자가 되는 새로운 논의를 제공한다는 점에서 매우 흥미로운 접근이다. 바로 이러한 측면에서 그간 심리적 논거 위주로 진행되었던 동기 부여 영역을 정보의 흐름이라는 새로운 프레임으로 접근한다는 점에서 매우 흥미진진하면서 향후 연구 발전 가능성이 큰 분야라 하겠다.

■8 시그널링적인 동기 현상은 향후 연구의 블루 오션!

시그널링 효과는 모든 곳에 존재한다. 그런데, Spence는 기존의 시그널링 방식의 효과가 약해진다면 다른 효과적인 정보 창출방식을 모색해야 한다고 지적한 바 있다(Spence, 1973: 356쪽). 이러한 측면에서 인터넷의 발달은 시그널링 효과를 가중시키고 있다. 요즘은 대부분의 정보 처리가 인터넷을 통해 일어나고 있기 때문에, 기존의 시그널링 연구가 많이 이루어졌던 선발 시장에 대한 논의들에서 기업의 홈페이지나 개인의 SNS 같은 매체의 중요성이 빈번하게 언급되고 있다(Behrend et al., 2009; Cober et al., 2004; Jones et al., 2014; Ployhart, 2006; Spence, 2002). 이들 논의들이 기업과 개인들 사이의 시그널의 흐름에 초점을 두고 있지만 개인과 개인들을 이어주는 SNS 환경에서 개인들 간의 시그널링의 중요성도 더욱 증가하고 있다. 따라서 시그널링이론을 구성원들의 동기 차원에 적용한다면, 지금까지 심리학에 기반한 논의들이 설명한 바와는 다른 시각에서 접근하기 때문에 매우 신선한 논의들을 제공할 수 있다. 시그널링이론이 '정보에 의거한 합리적 의사결정'에 초점을 맞추기 때문에 '다양성'에 기반한 심리학적 접근과는 차이가 크기 때문이다.

한걸음 더 나아간다면, 정보의 양에 있어서의 비대칭 현상뿐 아니라 '접근성에 있어서의 비대칭 현상'에 대한 논의도 중요하게 부각된다. 즉, 모든 구성원들이 다양한 정보들에 접근이 용이한 것은 아니다. 어떤 정보들은 인터넷이나 신문 등을 통하여 공개되어 손쉽게 접근할 수 있는 반면, 어떤 정보들은 관련된 사이트를 찾아서 방문한다거나 여러 검색 과정을 통해서만 얻을 수 있는 정보들도 있다. 또한 구성원들이 더욱 민감해하는 정보도 있을 수 있으며, 그다지 관심을 갖지 않는 정보들도 있다. 이와 같이 정보 특성에 대한 연구들은 아직 이루어지지 않았지만 앞으로의 연구들은, 구성원들이 쉽게 접근이 가능하면서 민감하게 인지하는 정보(가령 'close' 시그널)와 접근 방법이 소수에게만 수월하다거나 구성원들이 익숙하지 않아서 해석에서 도움이 필요한 정보(가령 'remote' 시그널)가 갖는 차별적인 효과에 대한 영역도 앞으로 많은 연구가 이루어질 수 있다.

시그널링이론은 목표 설정이나 자기효능감 같은 인지적 요소를 강조하는 동기이론들과 접목될 때 특히 흥미로운 결과를 많이 제시할 수 있을 것으로 보인다. 예를 들어, 남들보다 높은 수준의 목표를 설정하는 것이 단순히 성과를 향상시키기 위한 노력이라기보다는 자신의 열정과 몰입 등을 과시하는 시그널링 효과를 일으키기 위한 수단이 될 수 있다. 또한 회사에서 특정 구성원에게 지나치게 높은 수준의 목표와 매우 어려운 과제를 할당하는 경우에도 단순히 성과 향상을 도모하고자 하는 목적 이외에 그 사람의 능력이나 처우에 대한 특별한 시그널링 효과를 일으킬 수 있는 것이다.

　정보혁명이라는 4차 산업혁명 시대가 펼쳐지면서 개인의 의사결정 및 행동에 정보가 갖는 효과는 더욱 증가할 것이다. 지금까지의 동기 부여이론들이 심리학에 기반하였기 때문인지 정보의 효과는 인지적인 측면의 사회적 학습이론이나 목표설정이론을 제외하고는 그다지 강조되지 않았으며, 이들 이론에서도 심리학적인 기반으로 인하여 정보 본연의 맛깔스러움이 많이 반영되지는 못하였다. 하지만 앞으로의 동기 이론에서 정보 특성들이 갖는 효과는 큰 연구 가치가 있으며, 그런 점에서 시그널링이론은 앞으로 조직 구성원들을 대상으로 많은 연구가 이루어질 수 있는 블루오션과 같은 영역이다.

21세기
핵심 화두:
창의성과
동기 이론들

21세기 핵심 화두: 창의성과 동기 이론들

정보 통신의 기술이 발달하고 융합적인 접근이 증가하는 4차 산업 혁명의 시대는 불확실하면서 역동적인 기술 변화와 경영 환경을 의미한다. 이와 더불어 직장인들이 당면하는 업무도 과거보다 복잡해지고 수행 과정에 있어서 많은 불확실성을 직면하게 될 것이다. 업무 환경의 변화가 그다지 심각하지 않은 경우, 또는 변화가 천천히 발생하여 예측이 가능한 경우에는 과거와 같은 방식으로 성실하게 업무를 수행하는 것이 여전히 성과를 좌우할 가능성이 높다. 하지만, 업무 환경의 변화로 인하여 주어진 절차만을 답습하기보다는 변화보다 한걸음 앞서서 고민하고 예측해야 하는 상황에서는 직무 규정에 대한 성실한 준수만으로는 부족하다.

이와 같이 변화하는 21세기 경영의 화두는 창의성(creativity)이다. 기업에게는 변화하는 환경에서 경쟁력을 갖추기 위하여 변화와 혁신이 필수 항목이 되었고, 직원 관리에 있어서도 창의성이 핵심 가치로 부각되었다. 학계에서도 창의성 또는 창의적 행동에 대해 높은 관심을 갖게 되어 많은 연구들이 진행되었다(Anderson et al., 2014). 사실 창의성은 만인의 관심사이기 때문에 다양한 시각에서 분석하는 연구들이 이루어졌지만, 이번 장에서는 동기 이론의 프레임으로 창의성 관련 논의들을 설명하고자 한다.

1
'창의성' 이란?

기업이 핵심 경쟁력을 확보하기 위해 조직 단위의 혁신이 중요하다는 연구는 오래전부터 이루어져 왔지만 조직 내 구성원들이 발휘하는 창의성이 주목을 받기 시작한 것은 비교적 최근의 일이다. 개별 구성원들의 창의성이란 새롭고 유용한(novel and useful) 아이디어나 문제 해결 방식을 의미하는데, 학자들에 따라서는 아이디어를 발생시키는 과정이나 문제를 해결하는 결과까지 포함하여 창의성이라고 보기도 한다(Amabile et al., 2005). 교육학에서 주로 다루어졌던 창의성이 기업 연구에서 본격적으로 다루어지기 시작한 것은 하버드 대학교의 Amabile 교수에 의해서이다. 1988년 Amabile은 '개인' 단위의 창의성뿐 아니라 개인들이 모인 '소규모 집단'에 의해서 만들어지는 새롭고 유용한 산출물을 강조하였다. 이후 1993년 Woodman 등 학자들은 '조직 창의성(organizational creativity)'이라는 표현을 사용하여, 조직이라는 환경 안에서 개인 단위의 창의적 산출물이 어떻게 발생하는지에 관한 본격적인 연구를 시작했다. 이에 따라 예전에는 구성원들이 주어진 직무들을 열심히 수행하게 하는 동기 부여에 집중했다면, 불확실하고 변동이 높은 경영 환경 속에서 어떻게 직원들이 창의적인 결과를 내도록 동기 부여할 것인가 또는 직원들이 창의성을 발휘하는 근본적인 동기는 무엇인가에 대한 관심이 제고되었다.

■1 '3구성요소모델': 내재적 동기가 중요하다!

창의성 관련 연구들에서 가장 많이 회자되는 모델이 Amabile(1988)의 3구성요소모델이다. Amabile은 세 집단의 조직 구성원을 대상으로 연구를 진행하였다. 첫 번째 집단은 20개 기업에서 일하는 120명의 연구개발 과학자, 두 번째 집단은 미국 최대 은행 중 한 곳에서 일하는 마케팅 및 개발직원 16명, 세 번째 집단은 철도 회사의 마케팅 및 영업사원 25명이었다. 이들이 수행하는 업무는 다르지만 모두 동일하게 업무

경험에서 얻은 창의성의 예를 설명해 달라는 질문을 받았고 인터뷰 대
상자들은 스스로 창의적이라고 판단한 내용, 그리고 반대로 창의성이
매우 낮았던 상황 등 업무에서의 창의성과 관련된 다양한 의견들을 제공
하였다. Amabile은 이러한 응답들, 특히 과학자 집단의 의견들을 바탕으
로 창의성을 촉진하는 10개의 핵심적인 요인을 정리하였다. 첫 번째는
다양한 성격적 특성으로 끈기, 호기심, 에너지, 지적 역량으로 44%의 과
학자들이 언급하였다. 두 번째는 자기주도적 동기부여(self-motivation)로
스스로 일에 열정적이며 도전적 문제에 끌리고 중요한 문제를 다루고
있다고 믿으며 아이디어를 내는 데 몰입하는 태도로 41%의 과학자들이
대답했다. 세 번째는 특수한 인지 능력(38%)으로 이는 일반적인 문제 해
결 능력, 창의적 사고에 필요한 전술 등을 포함한다. 4위는 위험지향성
(34%)으로 파격적인 도전에 끌리고 위험을 감수하고 일을 다르게 하는
경향을 의미한다. 5위는 해당 분야에 대한 전문성, 경험, 지식이며, 6위
는 집단의 자질로 프로젝트 팀을 구성하는 개인들의 지적 능력, 사회적
자질을 통해서 발생하는 시너지이다.

　　Amabile은 이러한 결과에 기반하여 창의성의 3구성요소모델(creativity
components model)을 제안하였다. 세 가지 구성 요소 중 첫 번째는 '해당
분야의 전문 지식'이다. 해당 분야 지식은 창의성을 위한 원재료를 의미
하며 예를 들어, 금융 지식, 실험실 기술, 에칭 등 공정 기술 등을 포함
한다. 이 영역은 타고난 인지 능력과 학습 능력에 의해 좌우되며 공식,
비공식 교육을 통해 향상된다. 그러나 이런 전문 지식이 높아도 두 번째
구성요소인 '창의성 관련 기술'이 부족하면 창의적 성과가 나오지 않는
다. 새로운 관점을 취하거나 새로운 인지 경로를 적용하고 문제를 조각
이 아닌 전체로 바라보는 창의적 기술을 보유해야 하는데, 이는 익숙한
것에 안주하지 않고 문제 의식을 가지며, 이미 알고 있는 지식을 넘어서
서 새로운 관점에서 볼 수 있는 기술을 의미한다. 세 번째 요소는 '내재
적 동기'이다. 인터뷰 대상자들은 창의적인 성과를 결정하는 가장 큰 요
인을 내재적 동기라고 지적하였다. 내재적 동기가 없으면 전문 지식을

사용하거나 창의적인 사고를 하려는 의지 자체가 생기지 않기 때문이다. 즉, 전문 분야 지식이나 창의적 사고 기술이 창의적 성과에 기여하게 만드는 것은 결국 내재적 동기에 달려있다. 내재적 동기가 높으면 업무 자체에 더 깊게 몰입하고 새로운 정보를 찾고 문제를 생각하는데 더 많은 시간과 에너지를 사용하여 결국 더 창의적인 문제 해결을 하게 되는 것이다. 반면 내재적 동기가 낮으면 인지적 유연성이 떨어지고 예전 방식을 반복적으로 활용하는 데에 그치는 경향이 있어, 창의적 결과를 내기 어렵다.

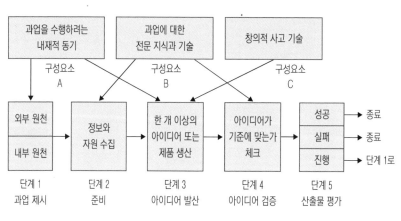

그림 20 I 개인 창의성의 3구성요소모델

출처: Amabile, T. (1988). A model of creativity and innovation in organizations. *Research in Organizational Behavior*, 10, 138쪽.

Amabile의 3구성요소모델이 의미하는 바는, 한두 개의 요소가 뛰어나더라도 다른 요소가 부족하면 창의성 전체에 부정적인 영향을 미친다는 전제이다. 즉, 창의성은 각 구성요소의 곱으로 결정되기 때문에 이 세 요소가 반드시 필요하며 세 요소가 모두 높아야 창의성이 뚜렷하게 높아진다는 주장이다. 나아가 3구성요소모델은, 창의성을 발휘하는 세 가지 구성 요소들 중에서 해당 분야의 전문 지식이나 창의성 관련 기술 이라는 두 요소들은 단시간에 쉽게 변화하기 어려운 내용들인 반면, 내 재적 동기는 환경에 의해, 또는 관리 방식에 의해 쉽게 움직인다는 점이 다. 이러한 점에서 동기 이론의 측면에서도 큰 의의를 갖는다.

■2 창의성은 요소들 간 상호작용의 결과이다

Amabile이 구성요소 모델을 제안한 반면 Woodman 등은 창의성 의 상호작용주의 모델(interactionist model of creativity)을 제안하였다. 이 모 델에 따르면, 개인 창의성은 매우 다양한 요소들, 즉 과거의 경험, 인구 학적 변수들, 풍부한 아이디어 등의 인지적 기술 요인, 자존감 및 통제 위치와 같은 성격 요인, 관련 분야의 지식, 내재적 동기, 사회적 관계 및 보상과 같은 사회적 요인과 함께 환경적 요인의 영향을 받는다는 것이 다. 즉, 이러한 개인과 상황적 요소들 간의 복잡한 상호작용 결과 개인 의 창의적 행동이 발생하게 된다. 개별 구성원에게 환경적 요인이란 물 리적 환경, 과업 조건, 시간 제약 등을 포함하게 된다.

다음으로, 집단 창의성은 개인 창의성이 인풋으로 들어가고 여기에 집단의 특성과 환경적 요소와 상호작용하여 집단 창의성이 나타나게 된 다. 이 때, 집단 특성은 집단 규범, 집단 크기, 응집력 강도, 집단의 문 제 해결 방법 등 집단 프로세스를 포함하며 환경적 요인은 전체 조직의 크기와 같은 요소들을 의미한다. 마지막으로 조직 창의성은 조직 내 집 단 창의성이 인풋으로 들어가고 여기에 환경적 요인이 영향을 미치는데 이 때 환경적 요인은 조직 문화, 보상 시스템, 자원 제약, 외부의 환경 등을 포함한다. 이와 같이 조직의 최종 창의적인 산출물은 개인, 집단의 창의적 행동이나 산출물과 사회적 및 환경적 요인들의 복잡한 상호작용 을 통해 만들어진다는 주장이다.

■3 '친사회적 동기'가 창의성에 기여

창의성과 관련한 많은 연구들은 구성원의 여러 동기들 중에서 내재적 동기에 큰 관심을 보였다. 그런데, 최근에는 내재적 동기 외에 다른 동기 메커니즘을 포함하는 흥미로운 연구들이 있다. 예를 들어, Liu와 동료들의 연구(2016)가 대표적이다. 그들은 그동안 연구되어 온 개인 창의성을 높이는 동기를 네 가지로 정리할 수 있다고 주장했는데, ① 많은 학자들이 주장해왔던 내재적 동기, ② 행동학자들이 강조해 온 창의적 행동을 강화시키는 외재적 동기(Eigenberger, 1992), ③ 창의적 산출물을 만들어 낼 수 있다는 믿음인 창의적 자기효능감(Tierney & Farmer, 2002), 그리고 ④ 동료들을 돕고 지원하고자 하는 욕구인 친사회적 동기(prosocial motivation)가 그것이다. 앞의 세 동기는 이 책에서도 설명한 세 영역의 동기를 반영하는 것인데, 여기에 추가된 친사회적 동기의 내용이 흥미롭다. 즉, 세 동기들이 구성원이 자신의 업무에 임하면서 인지되는 측면이라면, 친사회적 동기는 타인과의 상호 작용을 강조한 동기(Grant & Berry, 2011)이기 때문이다. 친사회적 동기가 높은 사람은 동료에게 도움을 주면서 자신의 아이디어도 함께 발전시키고 다른 사람의 관점을 받아들이면서 높은 창의성을 보인다. 즉, 타인을 돕는 대가로 얻는 것에 관심이 없는 이타주의 개념에 비하여, 친사회적 동기는 타인을 돕는 행동이 결국 자신의 창의성 향상에 기여한다는 점에서 차이가 있는 것이며, 요즘과 같이 팀제 등을 통하여 구성원들 간의 상호작용이 높은 작업장에서는 특히 시사점이 큰 동기라고 하겠다.

■4 창의성 연구들은 조직 관리의 중요성을 강조한다!

Woodman과 Amabile 모두 창의성을 개인의 몫으로 치부하기보다는 조직에 개인의 창의성 발현을 위한 환경 구축에 적극적으로 노력해야 한다고 공통적으로 설명하고 있다. Amabile(1988)은 구성원들의 창의성을 활성화시키기 위해 조직이 노력을 경주해야 하는 요소들을 다음과 같이 세 가지로 정리하였다. 첫 번째는 조직이 혁신하고자 하는 동기인데 이는 회사의 비전이나 미션을 통하여 드러난다. 즉, 회사의 비전을 통하여 혁신에 대한 조직의 몰입을 명확하게 전달하여야 한다. 두 번째 요소는 혁신에 필요한 자원인데, 전문분야 인력, 자금, 생산시스템 등 다양한 자원들을 포함한다. 조직은 이러한 자원을 적절하게 유지 관리하여야 한다. 세 번째 요소는 혁신을 관리하는 기술인데, 이는 개별 부서 및 조직 전체를 관리하는 역량을 모두 포함하며 개방적이고 수평적인 소통 방법, 건설적인 피드백, 창의적 노력에 대한 인정과 보상의 문화 등을 포함한다.

창의성 연구들은 조직에게 많은 의미있는 시사점들을 제공하고 있다. 하지만, 동시에 많은 연구들이 아직도 기업 대상보다는 실험실 셋팅에서 연구되고 있으며 또한 직장인보다는 학생들이 실험에 참여하였기 때문에 현실과는 괴리가 있을 수 있다는 점도 간과할 수 없다(Grant & Berry, 2011). 기업에서 발휘되는 창의적 행동은 개인의 창의성조차도 독립적이기보다는 타인들과의 상호작용 속에서 발생하기 때문에 실험 결과들을 기업에 일반화하는 데는 어려움이 있는 것이다. 즉, 기업 환경에서는 Amabile이 언급한 전문지식, 창의적 사고 스킬, 내재적 동기 등 3요소만으로 충분하지 않을 수 있으며 개인 창의적인 행동을 하도록 유인하는 다양한 동기를 살펴 볼 필요가 있다. 앞으로 이에 대한 연구들이 필요한 부분이다.

창의성과 관련된 또 다른 실무적인 이슈는 과연 전문성이 창의성을 높여주는가이다. Amabile은 관련 분야에 대한 전문성이 많을수록 창의성이 증가한다고 주장했고 많은 연구들이 이 근거를 바탕으로 회사에서의 근속기간을 창의성의 결정요인으로 포함시켰다. 즉, 전문지식과 경험이 많은 시니어들이 더 창의성을 많이 발휘할 것이라고 간주했던 것이다. 그러나 새로운 지식이나 방법론 등을 공부한 주니어들이 오히려 새로운 관점을 제시하고 발상을 전환하여 문제를 더 창의적으로 해결할 가능성도 높다. 실제로 메타 분석 결과에서도 근속년수의 계수는 0.04에 불과하여 창의성에 대한 설명력이 유의하지 않게 나타났다(Hammond et al., 2011). 최근 MZ세대가 스타트업을 설립하고 기존의 문제를 오히려 더 새로운 방식으로 해결하는 현상도 근속기간과 창의성은 큰 관계가 없음을 짐작하게 해 준다. 따라서 근속기간이 전문성을 측정할 수 있는 요소인지, 그리고 근속기간과 창의성의 관계가 실제 기업 현장에 어떻게 적용될 수 있는지에 대한 더 많은 연구가 필요하다. 또한 전문적 지식과 경험이 창의적인 사고, 관점의 전환 등 새로움을 찾아야 하는 순간에 오히려 방해가 될 수 있지는 않을지 등에 대한 연구가 진행된다면 기업 실무에도 의미있는 시사점을 제공할 것이다.

창의적 행동은 실패의 위험을 동반한다. 따라서 창의성을 높인다고 연구되어 온 내재적 동기, 친사회적 동기, 창의적 자신감, 외재적 보상을 얻고자 하는 동기 등이 과연 개인으로 하여금 실패를 무릅쓰고 창의적인 산출물을 내고 싶을 정도의 강력한 동기인가 의문을 가져볼 필요가 있다. 특히 기업 셋팅에서의 실패는 개인에게 큰 타격을 준다. 실패는 직장에서 부정적인 평가를 받는 것뿐 아니라 재무적 보상 타격, 타인에게 보이는 이미지 훼손, 본인의 자존감 하락, 자기효능감 하락, 부정적 감정 지속 등 다양한 부정적인 영향을 주며, 한번 실패하면 그 후유증은 상당히 오래 지속된다(Chang & Chin, 2020). 즉, 직원들 입장에서는 창의적인 행동이 성과로 연결되어 얻게 되는 이득보다 창의적인 시도를 하다가 실패가 발생하여 받게 되는 불이익이 훨씬 클 수 있는 것이다. 따라서 실패 위험을 줄이거나 효과적으로 관리하려는 노력(예를 들어, 곧 설명될 심리적 안전감과 같은 방식)도 구성원들의 창의성 독려를 시도하는 조직들이 진지하게 고민해 보아야 할 이슈들이다.

마지막으로 실무적 차원에서 고민해봐야 할 이슈는 창의성 또는 창의적 행동의 세부 특성들에 대한 점이다. 실패나 위험 부담이 거의 없는 창의적 행동도 있을 수 있으며 실패 위험 부담이 큰 창의적 행동이 있을 수 있다. 작은 변화를 이끈 점진적 창의성(incremental creativity)과 큰 변화를 만든 급진적 창의성(radical creativity)으로 나누어 볼 수도 있다. 구글에서는 10% 개선이 아니라 10배의 혁신을 위한 '문샷 사고'(moonshot thinking, 달에 우주선을 보내는 것과 같이 획기적인 혁신을 하려는 사고)를 독려하는 것으로 알려져 있는데 10% 향상이 점진적 창의성이라면 문샷 사고는 급진적 창의성이라고 볼 수 있다. 한 연구에 따르면 위험 감수, 창의성과 관련된 자원, 경력 몰입은 급진적 창의성과 더 밀접한 관련이 있으며 창의적인 동료의 존재와 조직 일체감은 점진적 창의성과 더 밀접한 관련이 있는 것으로 나타났다(Madjar et al., 2011). 이러한 창의성 자체의 차이에 따라 동기의 강도나 결정요인이 달라질 수 있으며 그 결과에 따라 기업에 미치는 시사점도 더 명확해질 것이다. 기존의 많은 창의성 관련 연구들이 이러한 특성들을 감안하지 않았기 때문에 앞으로의 연구가 기대되는 부분이다.

2 창의성과 내재적, 인지적 동기의 친화성

■1 '창의적 자기효능감' 논의들

자기효능감 연구는 창의성 관련 연구들에서 가장 활발하게 활용된 개념이다. 자기효능감은 대표적인 인지적 동기인데, 앞서 이론 설명 부분에서도 설명하였지만 자기효능감은 그 대상에 따라 수월하게 수정되어 활용할 수 있는 특징이 있기 때문에, 창의적 자기효능감이 창의성을 이해하는 데 큰 기여를 해왔다.

① '창의적 자기효능감'이란?

Tierney와 Farmer(2002)는 직무 자기효능감과 구별되는 창의적 자기효능감 개념을 처음으로 제안하였다. 직무에서 인지하는 자기효능감이 스스로 해당 직무를 잘할 수 있는 역량을 가지고 있다는 믿음이라면 창의적 자기효능감은 직무 안에서, 특히 창의성이 필요한 부분을 잘 할 수 있다는 믿음이다. 개인이 해당 직무에 대해서 자기효능감을 보유하

고 있더라도 그 직무 안에서 창의성이 요구되는 영역은 자신감이 없을
수 있으므로 직무에 대한 자기효능감과는 구분되는 창의적 자기효능감
이 창의성 관련된 부분에서는 더 중요한 의미를 갖는다.

창의적 자기효능감이 높으면 창의적 산출물을 내는데 필요한 더 많
은 정보를 검색하고 더 넓은 범위로 기억을 송출하며 문제가 해결될 때
까지 더 많은 끈기를 갖고 지속하게 한다. 반대로 창의적 자기효능감이
낮으면 결과물이 나올지 확신하기 어려운 창의적 과업 자체에 참여하는
것을 꺼려하며, 문제 해결 중간에 쉽게 포기하게 된다. 지난 20년간 창
의적 자기효능감에 관한 연구는 조직 세팅뿐 아니라 교육학이나 심리학
에서도 적용되면서 확산되어 왔다.

② '자기효능감'과 구별되는 '창의적 자기효능감'만의 특징
창의적 자기효능감은 창의적인 산출물을 내기 위한 중요한 동기라
는데 동의할지라도, 창의적 자기효능감이 과연 일반적인 자기효능감과
차별화되는 효과를 갖는지, 또는 창의적 성과에 두 효능감이 각각 어떠
한 효과를 보이는지는 중요한 포인트이다. 관련하여 Tierney와 Farmer
(2002)는 의미있는 결과들을 제시하고 있는데, 우선, 창의적 자기효능감
이 일반적인 자기효능감보다 창의적 성과에 더 큰 영향을 미친다는 점
을 입증하였다. 즉, 제조회사의 경우 창의적 성과와 창의적 자기효능감
간 상관값이 .17로 창의적 성과와 일반적인 자기효능감 간의 관계(상관값
.13)보다 높았으며, 하이테크 기업 대상 연구에서는 창의적 성과와 창의
적 자기효능감 간 상관값이 .24로 매우 유의했으나 창의적 성과와 일반
적인 자기효능감은 .01로 유의하지 않게 나왔다. 이러한 연구 결과에 더
하여, Hasse와 동료들의 메타분석(2018)에서도, 창의적 자기효능감의 창
의성에 대한 설명계수는 창의적 제품에 미치는 영향은 .32, 창의적 프로
세스에 미치는 영향은 .27, 발산적 사고에 미치는 영향은 .23으로 나타
났다. 반면 일반적인 자기효능감이 창의성에 미치는 영향은 대체로 .20
이하로 드러났다. 따라서 자신의 업무에서 느끼는 일반적인 자기효능감

과는 별도로 업무를 창의적으로 수행하는 데에서 인지하는 창의적 자기
효능감이 실제 창의적 행동에 더 큰 효과를 갖는다는 점은 주지해야할
내용이다. 즉, 창의적인 결과를 중시하는 관리자는 직무 전반적으로 자
신감을 증진시키려는 노력보다 창의적인 자기효능감을 증가시키려는 노
력이 더 효과적인 것이다. 또는 직무 성과를 향상시킬 수 있다는 자신감
이 없더라도 창의적 자기효능감이 작동된다면 창의적 아이디어의 제고
에는 기여할 수 있다.

　　그런데 앞서 이론적인 설명 부분에서 자기효능감이 성과 향상에 긍
정적인 역할만 하는 것이 아니라는 비판적 시각에 대하여 깊이있게 설
명한 바 있는데, 창의성과 관련한 논의에서도 마찬가지 지적이 있다는
점도 유념해야 할 것이다. 예를 들어, Grant(2016)는 지나친 자신감이 창
의성 영역에서 극복하기 어려운 편견의 역할을 한다는 점을 지적하고
있다. 즉, 새로운 아이디어를 창출할 때는 특히 비교 대상이 없는 독특
한 상황이기 때문에 지나친 낙관적인 자세를 유도하게 되어 과거에 생
각했던 것들이 완전히 실패로 끝났더라도 이들을 무시하고 이번에는 다
르다고 생각하게 된다는 것이다. 이런 경우, 현상이 그렇지 않다는 정보
를 보내더라도 (가령 소비자들이 선호하지 않는다는 정보를 접하게 되어도) 자기
아이디어의 장점에만 빠져드는 확증 편향(confirmation bias)에 빠지게 된
다. 앞서 설명하였던 '성공의 덫(success trap)' 현상도 나타나는데, 과거에
성공을 거둔 사람일수록 자신이 성공한 상황과 전혀 다른 상황에 처하
면 업무 수행 능력이 떨어져서 자신이 성공했던 상황과 전혀 다른 상황
임에도 불구하고 다른 사람들의 비판적인 의견을 수용하기 어려워진다
고 Grant는 설명한다. 따라서 창의성에 있어서도 자기효능감은 '양날의
칼'과 같은 역할을 할 수 있다고 볼 수 있다.

③ 현업에서도 의미있는 창의적 자기효능감!

　　창의적 자기효능감은 자기효능감과 마찬가지로 고정된 상태가 아
니라 조건이나 노력에 따라서 충분히 변화할 수 있기 때문에(Tieney &

Farmer, 2002) 현업에서도 큰 의미를 갖는다. 창의적 자기효능감을 높이는 요인에 대한 많은 연구들이 이루어졌는데 대체로 자기효능감의 결정요인과 비슷한 내용이었다. Tieney와 Farmer(2002)의 초기 연구에서 사용된 창의적 자기효능감을 높이는 결정요인은 직무 복잡성, 상사의 지원적 리더십, 직무근속, 교육 수준 등으로 자기효능감의 경우와 유사한 결과를 보여주고 있으며, Mathisen(2011)의 연구도 비슷하게 창의성을 요구하는 과업, 자율성, LMX(Leader-Member Exchange), 회사 근속, 동료의 지원 등을 제시하였다. 그 밖에도 학습 목표 지향성, 심리적 자본, 리더십, 내재적 동기 등 요소들이 제시되었다(Farmer & Tierney, 2017).

전반적으로는 창의적 자기효능감이 더욱 유용하다는 학자들의 합의에도 불구하고 일반적인 자기효능감과 구별되는 창의적 자기효능감을 높이는 결정요인에 관한 연구는 충분히 이루어지지 않았다(Farmer & Tierney, 2017). 일부 소수 연구에서는 일반적인 자기효능감과 차별화되는 창의적 자기효능감의 결정요인으로, 직원의 창의성 발휘에 대한 상사의 기대감, 상사의 창의성 관련 지원 행동, 직원의 창의성 발휘에 대한 기대감을 발견하였고(Tieney & Farmer, 2004), Zhang과 Zhou(2014)는 창의성을 요구하는 직무 특성을, Karwowski(2016)는 개인의 창의적 역할에 대한 정체성 인식을 창의적 효능감을 증가시키는 요소들로 설명하였다.

더욱 의미가 있는 연구로, Mathisen와 Bronnick(2009)은 창의적 자기효능감 자체를 향상시킬 수 있는 훈련에 대해 연구하였는데, 창의적 프로세스를 배우고 창의적으로 문제를 해결하는 훈련을 받은 사람이 그렇지 않은 통제 집단보다 창의적 자기효능감이 높았으며 2개월 뒤 다시 측정했을 때에도 창의적 자기효능감이 떨어지지 않았다고 보고하고 있다. 따라서 기업들이 창의적 자기효능감을 직원들에게 훈련시킴으로써 창의성을 개선시킬 수 있다는 점은 현업에서도 큰 시사점을 갖는다.

현업 상황에서의 창의적 성과는 여러 번의 실패를 경험한 후 나온 결과일 가능성이 높다. 아마존의 CEO인 Jeff Bezos는 발명과 실패는 쌍둥이라고 말할 정도로 창의성과 실패는 같이 움직인다. 그런데 이 실패 경험은 자신감을 떨어뜨리고 자신의 능력이 부족하다고 느끼게 하기 때문에(Smith et al., 2006) 창의적 자기효능감을 낮출 수 있다. 이 과정을 요약해 보면, 창의적 성과를 낸 경험이 많을수록 실패 경험도 더 많으므로 창의적 자기효능감은 낮아질 수도 있는 것이다. 그러나 기존 연구는 창의적 성과 및 실패 경험이 창의적 자기효능감에 미치는 영향에 대해서는 다루고 있지 않기 때문에 앞으로의 연구들이 실패 위험을 감수해야 하는 창의적 성과를 더 많이 다룬다면, 실패 현상이 편재하는 현업에 더 의미있는 시사점을 제공할 수 있을 것이다.

■2 창의성 논의들이 내재적 동기의 중요성을 다시 강조함

창의성 논의에서는 내재적 동기의 중요성이 강조된다. 앞서 설명한 인지적 측면 이외에도 많은 창의성 연구자들이 내재적 동기의 효과를 설명하였다. 내재적으로 동기부여된 사람, 즉 업무 자체에서 재미나 만족, 자아실현 등의 이유로 외재적 보상에 대한 기대 없이도 특정 행동을 열심히 하며 부정적인 결과에 대한 걱정과 우려에 덜 집착하면서도 위험을 더 감수하려고 하며 그 과정에서 창의성도 높아지게 되기 때문이다. 이러한 내재적 동기가 어떻게 창의성을 증가시키는가라는 질문에 대하여 두 가지 근거가 제시될 수 있다(Grant & Berry, 2011). 첫 번째는 정서적 측면의 논의들인데, 내재적으로 동기부여된 사람은 긍정적인 감정을 느끼게 되고 이 긍정적 감정이 사람들로 하여금 검색가능한, 그리고 이용가능한 인지 정보의 범위를 넓히고, 구사가능한 아이디어 세트 범위를 넓히며, 언뜻 보기에는 파악할 수 없는 아이디어들 간의 패턴과 연관성을 식별하는데 필요한 유연한 사고를 촉진시킴으로써 창의성을 자극한다는 주장이다.

둘째, 자기결정이론 논의에 따르면 직원들이 내재적으로 동기부여 받았을 때 학습에 대한 호기심과 관심이 올라가며 이 태도가 인지적 유연성, 위험을 감수하려는 의지, 복잡성을 받아들이는 개방성을 향상시켜 아이디어와 잠재적 해결책에 대한 접근성을 강화하게 된다. 이 때, 정서적 논의 및 자기결정이론 논의 모두 내재적 동기를 가진 구성원들은 장애물을 직면했을 때에도 지속성과 끈기를 보이게 되어 창조성이 촉진된다는 점을 공통적으로 주장한다. 감정 이론 관점에서 보면 내재적 동기는 긍정적 감정을 촉발시킴으로써 심리적 몰입을 유발하고 지속적인 노력을 하는데 필요한 에너지를 축적함으로써 해당 과업에 더 많은 시간을 쓰게 만든다. 내재적 동기가 자신감과 흥미를 촉발함으로써 도전적이고 복잡하며 친숙하지 않은 과업을 포기하지 않고 끈기있게 계속하게 만들며 더 많이 집중하게 한다. 이러한 논의는 인적자원관리 방식으로서 고몰입인사제도가 개인의 창의성에 긍정적인 영향을 준다는 점과 일맥상통한데, 고몰입인사제도 중 직원들의 의견을 반영한 의사결정 등 참여적 관리 방식이 직원의 자기결정감을 높이고 내재적 동기를 강화함으로써 개인들의 창의성이 올라가게 된다(Chang, et al., 2014).

　　창의성에 관한 내재적 동기 측면에서 업무 미루기(procrastination)의 효과가 흥미롭다. 업무 미루기는 일반적으로 당연히 생산성에 부정적인 영향을 주겠지만, 내재적 동기가 있다면 적정 수준으로 업무를 미루는 것은 창의성에 오히려 도움이 된다고 한다(Shin & Grant, in press). 업무에 대한 내재적 관심이 있는 구성원들은 적정 수준으로 업무를 미루는 상황에서 새로운 아이디어를 생각하고 문제를 재구조화하는 등 고민에 충분한 시간을 가지면서 창의적인 산출물을 만들어내게 되는 것이다. 물론 지나친 미루기는 마감 시간에 대한 압박, 빨리 끝내야 한다는 조급함으로 아이디어에 대한 깊은 고민을 가로막기 때문에 창의성이 감소하게 된다.

■3 창의성 논의에서 내재적 동기와 인지적 동기의 조화로움

　　다소 이론적으로 들릴 수는 있겠지만, 동기 측면에서 창의성 논의는 내재적 동기와 인지적 동기를 결합시킨다는 점에서 큰 의의를 갖는다. 즉, 앞서 각 이론들에 대한 설명에서도 몇 번 설명하였지만, 20세기의 많은 연구들에서는 인지적 동기와 내재적 동기는 그다지 잘 결합되지 않았다. 앞서 MBO와 사회적 학습 이론 부분에서 설명했던 것처럼 인지적 동기는 내재적 동기보다는 외재적 동기와 연동될 때 큰 효과를 가지고 온다는 논의들이 지배적이었다. 하지만 창의성에 대한 연구들은 인지적 동기와 내재적 동기가 잘 어우러질 때 창의성에 대한 효과가 증가한다는 점을 지지하고 있다는 점에서 흥미로운 변화를 목격하게 된다. 여기서는 특히 중요한 두 측면의 논의를 통하여 이러한 점을 설명하겠다.

① 내재적 동기가 인지적 동기를 증가시킨다!

구성원들이 내재적 동기가 증가되는 경우 인지적인 측면이 긍정적으로 변화하여 창의성이 증가된다는 논의는 주로 임파워먼트와 관련해서 연구가 많이 되었다. 리더가 구성원들의 의견을 존중하고 의사결정에 참여시키는 행동, 즉 임파워먼트 행동을 보인다면, 구성원들은 자신들의 업무에서 인지하는 자율성이나 자기결정감과 같은 내재적 동기가 증가하게 되고 이에 따라 업무 수행에 있어서 새로운 방식을 고민하고 시도하게 되어 창의적 자기효능감이 증가된다는 설명이다(Ryan & Deci 2000; Srivastava et al., 2006; Sun et al., 2012; Srivastava et al., 2006; Zhang & Bartol, 2010). 이러한 논의에 있어서 흥미로운 것은 흔히 우리나라 구성원들은 위계적인 리더를 선호하는 전통적인 문화적 가치를 보유하고 있어서 임파워먼트 같은 방식이 효과가 없을 것이라는 우려도 있지만 흥미롭게도 임파워먼트가 내재적 동기 및 창의적 자기효능감에 갖는 효과는 국내 구성원들에 대한 연구에서도 지지되고 있다는 점이다(이승필·김선혁, 2016; Chang et al., 2021; 최익성·장영철, 2014). 이러한 결과들은 인지적 동기와 내재적 동기가 갖는 창의성 효과성에서 문화적 차이가 그렇게 중요하지 않을 수 있다는 점에서의 또 다른 시사점도 있다.

창의적 자기효능감만큼 많이 연구된 개념은 아니지만 인지적 탄력성(cognitive flexibility) 논의도 내재적 동기가 인지적 측면에 영향을 주어서 창의성을 증가시킨다는 점을 지지하고 있다. 가령 Li와 동료들의 연구(2018)는 구성원들이 업무에 내재적 동기가 높은 경우에는 업무에서 보다 탄력적으로 사고를 하게 된다고 설명한다. 즉, 하나의 또는 주어진 답을 추종하지 않고 다양한 요소들을 통합하면서 여러 아이디어를 고민하는 사고를 활성화시킴으로써 창의적인 성과로 이어지게 되는 것이다.

② 심리적 안전감(psychological safety) 관련 논의들

창의적 행동이라는 것이 실패의 위험을 동반하기 때문에 실패 위험이 큰 과업을 시도할 때 개인이 자신의 아이디어를 쉽게 이야기하고 도전하도록 동기부여하기 위해서는 조직이나 부서 내 심리적 안전감이 필요하다. 심리적 안전감은 1990년 Kahn의 연구에서 시작되었다(Kahn, 1990). Kahn은 심리적 안전감을 '본인의 이미지나 지위, 경력 등에 부정적인 영향을 줄지도 모른다는 두려움 없이 자신을 드러내는 상태'로 설명하고 있다. 동료들 간에 신뢰가 높을수록, 자신에 대해 드러낼 수 있는 비공식적인 역할이 있는 경우, 지원적이며 목표를 명확히 제시하는 관리자와 일할수록, 그리고 개방적인 조직 문화에서 구성원들의 심리적 안전감이 높게 나타난다고 설명하였다.

심리적 안전감이 학계의 큰 주목을 받게 된 것은 Edmondson의 1999년 연구 덕이다(Edmondson, 1999). Kahn이 개인이 느끼는 심리적 안전감에 주목했다면, Edmondson은 집단에서 구성원 간 공유된 심리적 안전감에 주목하였다(Frazier, et al., 2017). Edmondson은 두 개인 간의 심리적 안전감이 있다고 해서 곧 팀 전체의 심리적 안전감이 보장되는 것은 아니라고 주장하면서 '팀'의 심리적 안전감과 개인의 심리적 안전감을 구별하고 있다. 팀의 심리적 안전감은 '팀 내 개인들이 상호 위험에 노출되더라도 안전하다는 믿음이 공유된 상태'이다. 팀 심리적 안전감은 단순히 팀원끼리 친하다는 의미가 아니다. 팀 구성원이 의견을 냈을 때 다른 팀원들이 무시하거나 거절하지 않을 것이라는 확신이며 이 확신은 팀 구성원 간 상호 존중과 신뢰에서부터 나온다. Edmondson은 팀 심리적 안전감의 측정 도구를 개발하고 실증한 결과를 제시하였기 때문에 이후 많은 연구자들에 의하여 활용되었다. 따라서 심리적 안전감은 자연스럽게 팀 단위의 연구가 활발히 이루어졌으며 이 때 Edmondson의 척도가 보편적으로 사용되었다.

심리적 안전감은 창의성과 관련하여 동기의 인지적인 측면과 가장 맞닿아 있다. 즉, 창의적인 시도를 하다가 실패를 하더라도 다시 도전을 하도록 독려하며 창의적 자기효능감을 훼손시키지 않도록 하는 기제가 심리적 안전감인 것이다. 나아가서, 심리적 안전감은 한국과 같은 관리자와 직원 간 위계가 엄격한 동양 사회에서 더 중요한 시사점을 제공한다. 즉, 그러한 조직에서는 동료나 상사와 다른 의견을 냈다가 불이익을 받을지도 모른다는 두려움으로 인해 다른 의견을 꺼내는 것조차도 부담스러워하는 경우가 많기 때문이다. 실제 직장인들은 심리적 안전감이 낮은 한국 직장의 모습들을 많이 경험한다. 의견을 내면 "이미 다 해봤다"고 답변이 오기도 하고, "아이디어를 네가 꺼냈으니 네가 직접 해봐라"라는 말을 듣기도 한다. 또는 "당신이 다른 의견을 내서 회의가 길어졌다"든지 "그런 설익은 이야기를 하면 어떡하냐"고 타박을 받기도 한다. 다른 의견을 내면 문제가 커질 수 있고 특히 상사와 다른 의견을 내는 것이 자신을 위험에 처하게 할 수 있다. 이와 같이 심리적 안전감을 낮추는 사건이 반복되면 결국 구성원들의 창의적 자기효능감이 저하될 수밖에 없다.

이와 같이 심리적 안전감은 자기효능감과 직결되는 인지적인 개념이지만 내재적 동기에도 영향을 미친다. 즉, 심리적 안전감이 낮으면 직원들이 자발적으로 자신의 직무를 발전시키기 위해 필요한 행동을 하거나 말하는 것을 꺼려할 뿐 아니라 통제받고 있다고 느끼며, 반대로 심리적 안전감이 높으면 스스로 자신의 직무에 대해서 변화를 주거나 관점을 바꾸거나 발전시키는 데 필요한 자율성을 느끼게 된다(Simonet et al., 2015). 또한, Frazier와 동료들(2017)도 내재적 동기이론인 직무특성이론에서 중요한 요소인 자율성을 갖는 구성원들은 회사나 관리자로부터 신뢰를 받고 있다는 시그널로 간주하여 심리적 안전감을 느끼게 된다고 설명한다. 심리적 안전감을 인지하는 경우에 창의적 자기효능감이나 창의적 성과가 증가된다는 점을 고려한다면, 결국은 내재적 동기가 인지적인 동기와 조화롭게 결합되어 효과가 증폭된다는 점을 지지하고 있다.

3
외재적 동기 시각에서의 창의성 논의들

외재적 동기가 창의성에 갖는 효과에 대해서도 많은 연구들이 이루어졌는데, 결과들은 일관적이지는 않다. 즉, 창의적 행동을 촉진하는 데 있어 외재적 보상이 중요한 기여를 한다는 시각과 오히려 해가 된다는 시각이 공존하고 있는 상황이다. 최근에는 이 두 관점을 타협하는 선에서 보상의 어떠한 측면이 긍정적인 효과를 가지고 오는가에 대한 연구들로 나아가고 있다.

■1 외재적 보상이 창의성에 '긍정적'인 영향을 준다는 논의들

주로 행동주의 이론가들은 보상이 창의성을 높이는 데 중요한 역할을 한다고 주장한다. 사람들은 행동이 유효하다고 판단하면 그 행동을 계속 강화하는데, 외재적 보상은 창의적 행동을 강화시키는 중요한 수단이 된다. 이들의 이론적 근거 중 하나는 학습된 근면 이론(learned industriousness theory)이다(Eisenberger, 1992). 학습된 근면 이론에 따르면 노력을 지속한다는 것 자체가 개인에게 즐겁지 않은 경험인데, 큰 노력을 하고 나서 보상을 받으면 노력을 기피하는 정도가 감소한다는 것이다. 즉, 노력이 보상과 연결되어 있다는 것을 학습하면서 노력을 덜 꺼려하고 더 근면해진다는 주장인데, 학습된 근면 이론은 학습된 무기력과 정반대 개념이라 볼 수 있다. 학습된 무기력이 행동과 결과 간 연계성을 파악할 수 없는 상황이 계속 반복됨에 따라 개인이 아무 행동도 하려 하지 않는 상태라면 학습된 근면성은 개인이 하는 노력이 특정 조건하에서 연계성이 뚜렷하기 때문에 개인이 노력을 증가시키는 것을 의미한다. 즉, 효율이나 정확성, 창의성과 같은 매우 구체적인 성과에 대해 보상을 받으면 개인은 이 현상을 의식적 및 무의식적으로 학습하며, 사람들은 특정 조건에 집중하게 된다. 행동주의자들은 기업에서 이루어지는 보상이 창의성이 아니라 효율성에 기반하는 경우에는 구성원들이 효율성이나 생산성에만 집중하지만, 보상 조건을 바꾸면 이 관계도 자연스럽게 바뀐다고 주장한다. 그러한 예로, Eisenberger는 이 조건을 바꿈으로써 외재적 보상이 직무성과, 내재적 동기, 개인 창의성에 모두 긍정적인 영향을 준다는 것을 실증하였고, Shalley(1995)도 창의성 목표에 기반한 평가는 창의적 성과를 촉진시키는 반면, 생산성 목표에 기반한 평가는 창의성을 낮춘다는 것을 실증하였다.

두 번째 근거는 투자 이론(investment theory)이다. 창의성은 의식적인 선택의 결과물이며, 창의성을 기술이나 능력뿐 아니라 삶에 대한 의사결정이라고 간주한다(Sternberg, 2006). 창의성은 개인이 할 수 있는 의사결정인데 다만 그런 의사결정을 했을 때 투자 대비 비용이 너무 크다고 생각하기 때문에 창의적인 산출물을 내겠다는 의사결정을 피할 뿐이다. 따라서 창의적 행동을 의도하도록 하는 요인이 중요하며 대표적인 것이 창의성과 연계된 외재적 보상이다. Eisenberger와 동료들(1998)은 학생들을 대상으로 일부에게는 창의적인 행동에 대해 보상을 받는다고 설명하고 일부에게는 그와 같은 내용을 설명하지 않았더니 설명을 들은 학생들이 유의하게 창의적인 결과를 낸 것을 확인할 수 있었다. 또한 일반인을 대상으로 한 연구에서는 새롭고 창의적인 과업을 했을 때 보상을 받아왔던 사람들이 일반적인 과업을 하고 보상을 받았던 사람들보다 나중에 더 창의적인 결과를 냄을 실증하였다. 결국 참여자들이 창의적인 활동에 대해서 보상을 받는다는 것을 인지하고 있거나 과거에 창의적 활동에 대해 보상을 받은 경험이 있다면 외재적 보상은 창의적 행동을 촉진시킨다는 주장이다.

■2 외재적 보상이 창의성에 '부정적'인 영향을 줄 수 있다는 논의들

또 다른 연구들은 외재적 보상이 내재적 동기를 낮추고 결국 창의성을 낮춘다는 외재적 보상의 부정적 측면을 꾸준히 강조해 왔다(Amabile, 1988; Deci et al., 1999). 외재적 보상이 창의성에 부정적인 영향을 미친다는 주장은 과잉 정당화 및 인지적 평가와 같은 논의들이 있다(Malik & Butt, 2017). 우선 과잉 정당화 가설(over-justification hypothesis)이다. 개인은 자신의 행동을 외부 요인 또는 내부 요인으로 귀인시키는 경향이 있는데, 정당화할 조건이 별로 없는 상황에서는 자신이 특정 행동을 하는 이유를 자신이 그 행동 자체에 관심이 있거나 좋아해서 한다고 해석한다. 반면 정당화할 조건이 뚜렷하면 자신의 행동 원인을 그 외부 조건 때문에 했다고 합리화하고 행동 자체에 대한 관심을 낮춘다. 따라서, 외재적 보상은 강한 정당화 근거가 되기 때문에 개인들은 외재적 보상하에서 이루어진 행동은 스스로 자신이 통제를 받아서 한 행동이라고 귀인하고 그 행동 자체에 대해 덜 관심을 갖는다(Lepper et al., 1973). 결국, 과잉 정당화 가설에 따르면, 외재적 보상과 같은 명분이 발생하면 자신이 하는 행동의 이유를 모두 보상 때문이라고 해석하기 때문에 내재적 동기를 낮출 뿐 아니라 업무에서의 자발적인 창의적 모습도 감소하게 된다. 앞서 자세하게 설명하였던 인지적 평가이론도 마찬가지의 논리를 제시한다. 이 이론에 따르면, 자기결정감과 역량이 증가해야 내재적 동기가 증가하고 나아가 창의적 행동이 증가하는데, 창의적 행동은 그 자체가 사람들에게 내재적으로 보상을 주기 때문에 그 행동을 하도록 하는 외재적 보상이 굳이 필요하지 않다. 그런데 보상이나 위협, 데드라인 압박, 경쟁과 같은 외재적 요인이 부여되면 결국 내재적 동기를 낮추고 창의성에도 부정적 영향을 주게 된다. 개인은 이러한 외부 요인을 외부 통제로 간주하여 자기결정감이 떨어지고, 성과와 관련된 보상을 받을 때 최대치를 달성하지 못하면 이를 자신의 역량 부족을 보여주는 시그널이라고 해석하여 노력을 줄이고 결국 이로 인하여 창의성이 감소하게 되는 것이다.

마지막으로, 외재적 동기의 효과를 내재적 동기와 서로 독립적으로 봐야 한다는 논의도 의미가 있다. 즉, 이 두 동기는 동시에 높거나 동시에 낮을 수 있기 때문에, 외재적 동기만 높은 집단, 내재적 동기만 높은 집단, 두 동기가 모두 높은 집단, 두 동기가 모두 낮은 집단으로 구분이 가능하며, 이 경우에, 내재적 동기와 외재적 동기가 모두 높은 집단이 가장 창의적이라는 결과가 제시되었다(Gerrard et al., 1996). 그리고 업무 단계에 따라 내재적 동기와 외재적 동기의 상대적인 중요성에 대한 논의도 의미가 있다. 즉, 창의적 프로세스에 따라 효과적인 동기가 다르다는 주장이다. 예를 들어, 아이디어 개발 단계에서는 내재적 동기가 중요하기 때문에 이 단계에서는 외재적 동기를 제공하는 데에 조심하는 것이 필요할 것이다. 내재적 동기는 창의적 프로세스 초기 단계에서 이루어지는 흥미로운 업무를 수행할 때 효과적이기 때문이다. 하지만 프로세스 후반에 최종 산출물을 내는 과정에서는 어려운 장애물을 끈기있는 노력으로 통과하는 모습이 필요한데 이때에는 외재적 보상이 더 효과적일 수 있는 것이다(Kasof et al., 2007).

■3 어떠한 경우에 외재적 보상이 창의성에 효과적일 수 있을까?

연구들은 창의성 제고에 미치는 보상의 효과성에 대한 여러 좋은 정보를 제공한다. 앞서 지적하였던 바와 같이 내재적 동기가 창의성의 원동력이 되지만 모든 구성원들이 항상 내재적 동기가 출중한 것은 아니다. 내재적 동기가 낮은 구성원들에게는 외재적 동기가 창의성을 증가시킬 수 있다는 점은 실무적인 시사점이 크다. 예를 들어, Zhu와 동료들의 연구(2018)는 외재적 동기가 연구개발 직원들의 창의성 발휘에 전반적인 영향은 별로 없지만, 내재적 동기 수준이 매우 낮은 연구개발 직원들에게는 외재적 동기가 창의성에 긍정적인 영향을 미친다는 결과를 제시하였다.

다음으로 어떤 측면에 대한 보상을 할 것인지, 즉 보상의 대상에 따라서 창의성에 미치는 효과가 상이할 수 있다. 완료한 것에 대한 보

상, 성과에 대한 보상, 품질에 대한 보상, 창의성에 대한 보상 등 무엇에
대해 보상할 것인가에 따라 창의성이 더욱 발휘될 수도 있고 훼손될 수
도 있다는 논의이다(Friedman, 2009). 또한 보상의 크기에 대한 논의들도
이루어졌다. 예를 들어, Eisenberger와 Armeli(1997)에 따르면 보상이 작
거나 없을 때보다 보상이 클 때 뚜렷하게 창의적인 성과가 개선되었다.
다음으로 보상 시점에 대한 연구이다. Amabile(1988)은 보상이 주는 또
다른 메시지는 그 업무가 얼마나 중요한가를 보여준다고 설명한다. 즉,
창의적인 노력에 대해 보상을 제공한다면 직원들은 창의성이 조직에서
정말 가치있는 일이라는 시그널을 받고 창의적인 사고를 적극적으로 하
게 될 수 있다. 이러한 점에서, Amabile은 생산적이고 창의적인 결과물
이 나온 후 좋은 결과물에 대해 아낌없이 인정하고 포상하는 이른바 사
후 보상 제도가 효과적이라고 주장했다. 즉, 직원들이 과거에 보답을 받
은 창의적 결과물이 있다면 조직에서 창의성을 중요하게 생각한다고 느
끼고 때가 되면 언젠가 공정한 보상을 받게 된다고 인식하게 되어 지속
적으로 창의성을 발휘할 것이다.

■4 외재적 동기 연구들의 실무적 한계점

보상이 창의성에 갖는 여러 결과들은 설득력이 있지만, 대다수의
연구들이 실험실 조건에서 이루어지고 있으며 조직 세팅에서는 많은 연
구가 이루어지지 못하고 있다는 아쉬움을 남긴다. 앞서 언급한 보상의
크기, 창의성 프로세스별 적합한 보상, 보상의 제공 시점, 보상의 조건
(창의성 기반 보상, 성과 기반 보상 등) 등 다양한 보상의 특징과 창의성 간의
관계는 실제 업무 상황에서는 복합적으로 발생할 수 있기 때문에 현장
데이터를 활용한 연구들이 보다 많이 이루어져야 할 것으로 보인다. 특
히 기업에서는 창의성에 기반한 보상이 현실적으로 적용하기 쉽지 않은
면이 있다. 실험실 셋팅과는 달리 단기간에 구체적인 창의적 성과를 확
인하기 어려울 뿐 아니라 효율성이나 생산성과 같은 성과에 기반한 보
상과 비교할 때, 창의성만을 별도로 하여 객관적인 측정이나 평가도 용

이하지 않기 때문이다. 이러한 특성을 감안하여 넷플릭스와 같은 일부 기업은 창의적 성과 측정도 어려울 뿐 아니라 보상제도가 직원들의 내재적 동기를 낮추고 나아가 창의적인 성과를 낮춘다고 판단하여 성과에 기반한 보상을 아예 제공하지 않는다고 한다(Hastings & Meyer, 2020).

보상 외의 대표적인, 그리고 기업에서 많이 활용되는 외재적인 요소인 평가(evaluation)도 창의성에 미치는 영향력에 관한 연구가 이루어져야 할 영역이다. 단순하게 생각하면 평가는 외부 요인이고 통제감을 낮추므로 창의성에 부정적인 영향을 미칠 것이라고 판단할 수 있으나 평가는 중요한 피드백의 역할을 하기 때문에 좀 더 자세하게 살펴볼 필요가 있다. Zhou(1998)는 피드백이 역량 개발이나 정보를 제공하는 내용이면 창의성을 높이는 반면 피드백이 통제 느낌이 강하면 창의성을 낮춘다고 주장했고, Shalley와 Perry—Smith(2001)은 개인 간 차별의 목적인 평가는 창의성을 낮추지만 역량 개발 목적의 평가는 창의성을 높인다고 주장했다. 평가나 피드백은 보상제도보다는 조직이 조금 더 가변적으로 활용할 수 있는 요소들이기 때문에 평가와 피드백이 창의성에 미치는 효과를 좀 더 세밀하게 살펴본다면 더 많은 시사점을 제공할 수 있을 것이다.

정리하자면, 심리학자들이 생각하는 것보다 조직 관리에서는 평가와 보상과 같은 외재적 요소들이 깊이 있게 자리잡고 있다. 즉, 외재적 요소들이 창의성에 부정적인 영향을 미친다고 하여 평가 보상 제도를 없애기는 쉽지 않다. 그런 점에서 창의성을 높이기 위한 외재적 요소들의 효과들에 대한 보다 다각적인 논의가 경영학적인 시각에서는 절실한 것으로 보인다. 창의적 행동이 최근 기업들에게 더욱 더 중요해지고 있는 만큼 적절한 인정과 보상이 필수적이며 창의적 행동을 효과적으로 보상할 수 있는 방법, 즉 내재적 동기를 해치지 않으면서 창의적 행동을 촉진할 수 있는 보상 방법에 대한 논의는 지속되어야 할 것이다.

4장

변화의 흐름

4장
|

변화의 흐름

1 동기 논의들의 변화 흐름

■1 내재적, 외재적, 인지적 동기 이론들의 성장사

동기 연구의 백년 성장사를 살펴본다면 큰 흐름을 읽을 수 있다. 동기 관리의 시작은 산업혁명 이후 20세기 초 효율성에 기반한 경제적 인센티브(즉, 과학적 관리)이다. 대량생산체제와 더불어 작동될 수 있는 동기로 효율성에 기반한 경제적 동기가 자리잡았던 것이다. 이후, 구성원들의 심리적인 측면을 고려해야 한다는 시각에서 내재적 동기에 대한 강조가 시작되었다(즉, 1950년대의 욕구이론, 2요인이론). 이러한 흐름은 직무특성이론, 인지적 평가이론, 그리고 자기결정이론을 통하여 지속적으로 성장하였다. 한편, 1960–70년대에는 이러한 내재적 동기가 다루지 못하는 영역인 경제적 동기의 중요성에 대한 이론들이 나타났는데(즉, 기대이론, 공정성이론), 이들 외재적 동기 이론들은 임금과 같은 경제적 요소의 효과를 강조하지만, 임금으로 인한 구성원들의 인지심리적인 측면을 강조했다는 점에서 고전적인 과학적 관리와는 차별화된다. 그런데, 기대이론에서 보듯이 이들 외재적 동기 이론들은 인지적인(즉, 머리 속에서 확률을 계산한다거나 비교한다) 측면을 포함함과 동시에 만족감(즉, 유의성이나 공정한 상태에서 발생하는 만족감)과 같은 정서적인 요소(즉, 유의성)도 포함하고 있다. 이러한

그림 21 I 동기 이론들의 연대기적 발전 모습*

창의성 연구

내재적

Maslow, 1954, *Motivation and Personality*
Deci, 1971, Effects of externally mediate rewards…"
Hertzberg, 1959, *The Motivation to Work*
Hackman & Oldham, 1980, *Work Redesign*
Ryan & Deci, 2000, "Self-Determination Theory …"

MBO 관련 연구

인지적

Spence, 1973, "Job market signaling"
Locke, 1978, "The Ubiquity of the Technique of Goal Setting…"
Bandura, 1986, *Social Foundations of Thought and Action*…

외재적

Taylor, 1911, *The Principles of Scientific Management*
Adams, 1963, "Toward an understanding of inequity"
Vroom, 1964, *Work and Motivation*.
Jensen & Mecking, 1976, Theory of the firm: Managerial behavior…

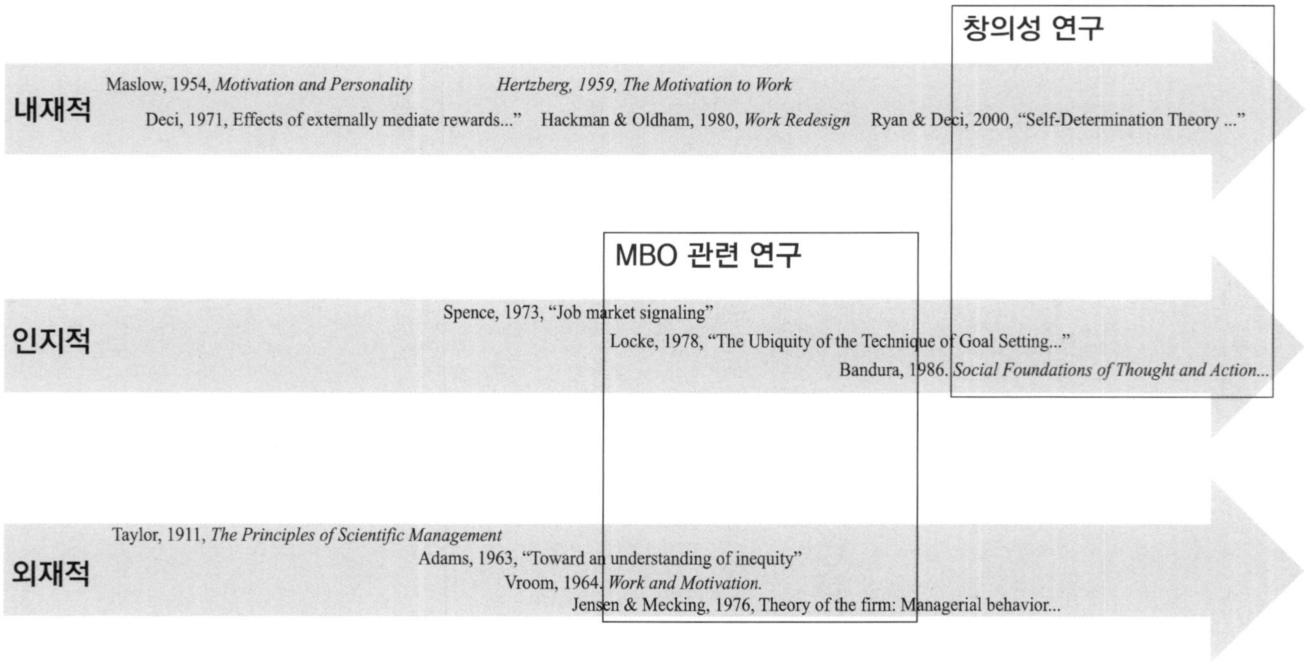

* 대표적인 학술 저서 위주로 정리함

조합에서 개인들마다 상이한 주관적이고 정서적인 요소를 배제하고 철저하게 인지적인 측면에 초점을 두는 방향의 동기 이론들이 등장하였는데, 이들이 바로 1980년대 급성장한 사회적 학습이론이나 목표설정이론과 같은 인지적 동기 이론들이다. 시그널링이론은 경제학의 오랜 이론이었지만 이와 같이 인지적인 측면의 동기가 무르익으면서 조직행동 및 인적자원 관리 분야에 도입되기 시작하였다. 따라서, 그 역사적 측면에서 본다면 인지적 동기영역이 가장 최근에 성장한 영역이라고 볼 수 있다.

■2 세 영역들 간의 어우러짐의 변화사

조금 더 깊이 들어가서, 동기 이론들간의 관계, 즉 어우러짐의 측면에서도 대략 1990년대 정도를 기점으로 큰 변화가 있다는 것을 느낄 수 있다. 즉, 각 영역에서 많은 연구들이 진행되어 왔는데, 내재적, 외재적, 그리고 인지적이라는 세 영역들 간의 통합적인 논의들이 변화하는 모습을 보인다.

① 내재적 동기와 외재적 동기의 불협화음

1970년대부터 아직까지 일관되게 지속되는 부분을 먼저 설명하자면, 내재적 동기와 외재적 동기 간의 불협화음에 관한 논의들이다. 인지적 평가이론 부분에서 설명하였고 창의성과 관련된 연구들에서도 설명하였다시피, 행동의 원인으로서 내재적 동기와 외재적 동기 간 서로 대체하는 효과가 있다는 전제에 대하여 팽팽한 이견들이 아직도 유지되고 있다. 따라서 내재적 동기와 외재적 동기는 편의적으로 다다익선(多多益善)적으로 생각하기보다는 활용 시에 서로의 대체적 가능성을 염두에 두고 고민해야 할 것이다.

② 과거의 패러다임: 인지적 동기와 외재적 동기의 시너지 효과

효율성의 논리가 지배적이었던 20세기 중후반의 패러다임은 인지적 동기와 외재적 동기의 조화로운 관계에 주목하였고 그 대표적인 관리 방식이 바로 목표에 의한 관리, 즉 MBO이다. 목표 설정과 같은 인지적 동기와 경제적 보상은 각각의 효과를 갖지만, 같이 주어졌을 때에는 서로의 효과를 배가시킨다. MBO는 목표를 통하여 동기부여하는 인지적인 동기의 기반에서 일정 수준의 목표가 달성할 때마다 적절한 보상이 주어진다면 효과가 배가된다는 사실에 기반한 방식이다. MBO는 목표설정이론과 더불어 급성장하였는데, 우리 기업들에게도 1990년대 성과주의의 중요한 방식으로 활용이 증가하여, 민간 기업뿐 아니라(유규창·박우성, 2007) 정부 조직에서도 활발하게 활용되는 보편적인 방식으로 자리잡았다(김경한, 2004). 특히 유규창·박우성 연구는 MBO와 연봉제가 같이 활용되는 경우 재무적인 성과가 더욱 향상된다는 것을 지지하고 있어서, 외재적 동기와 인지적 동기의 결합 효과를 강하게 지지하고 있다.

MBO가 목표설정이론과 외재적 동기의 결합이라면 사회적 학습이론과 외재적 동기의 결합효과도 강조되었다. MBO와 같이 기업 차원에서 제도화되지는 않았지만, 직접 경험을 통한 관리나 모델링, 즉 관찰을 통한 학습 효과에서도 성과 향상을 이루어가는 과정에 적절하게 보상을 제공받으면 학습효과가 배가될 수 있다는 점(Bandura, 1986)은 외재적 동기와 인지적 동기의 조화로움을 지지하는 것이다.

③ 최근의 패러다임: 인지적 동기와 내재적 동기의 시너지 효과

인지적 동기를 축으로 하는 외재적, 내재적 동기들의 결합적 논의에서는 큰 변화가 있다. 간략하게 정리하자면, '외재적＋인지적'인 축에서 '인지적＋내재적'인 축으로의 이동이다(이러한 정리에 대해서는 물론 학자에 따라 이견이 있을 수 있다). 이러한 설명은, 우선, 인지적 동기의 중요성이 증가하는 것을 보여준다. 환경의 불확실성이 증가하고 개인들의 업무의 비예측성이 증가하는 21세기 환경에서 인간 행동을 설명하는 데에 인지적 정보처리적인 동기가 갖는 타당성이 높다는 점은 이미 여러 차례 강조한 바 있다.

20세기 동기 연구들을 살펴보면 내재적 동기와 인지적 동기는 서로 독립적인 위치였다. 즉, 목표 설정의 효과를 배가시키기 위하여 업무에 대한 의미감이나 자율성과 같은 내재적 요소들은 굳이 필요하지 않았다(목표설정이론에서 참여 관련 논쟁 부분 참고). 또한 사회적 학습의 결과는 성과 향상 측면에서 많이 논의되었지만 업무에 대한 만족감이나 의미감과 같은 내용은 강조되지 않았다. 그런데, 최근 들어 많이 이루어진 창의성 관련 연구들에 의하여 이 인지적 동기와 내재적 동기가 통합되어 논의되기 시작하였다. 앞 장에서 설명했던 바와 같이, 창의성의 핵심적인 요소는 창의적 자기효능감이라는 인지적 요소이지만, 대표적인 창의성 모델인 Amabile의 세 가지 구성요소 모델이나 Woodman 등의 창의성의 상호작용주의 모델에서 모두 내재적 동기를 중요한 요소로 강조하고 있다. 즉, 구성원들이 업무에서 내재적 요소, 즉 자율성이나 의미감을 인지하는 경우에 창의적 자기효능감이 증가한다거나, 자신의 의견을 자유롭게 제시할 수 있다고 인지하는 심리적 안전감이 높을수록 구성원들은 자신의 업무를 변화시켜보려는 자율성을 인지하게 된다는 점에서도 인지적 동기와 내재적 동기가 조화롭게 연결되고 있다. 정리하자면, 창의성 연구들은 이론적 시각에서는 지금까지와는 달리 내재적 동기와 인지적 동기가 서로 좋은 영향력을 발휘하여 창의적 사고와 행동에 긍정적인 영향을 발휘하게 된다는 것을 지지한다는 점에서 큰 의의를 갖는다.

④ 정서, 감정(affect, emotion) 연구에서 나타나는 동기 요소들

최근 정서 또는 감정 자체가 행동이나 성과의 원인 변수로서 작동하는 측면에 대한 연구들이 증가하고 있다. 흥미로운 점은 정서 및 감정 연구들은 세 동기 영역 중에서 인지적인 측면과 가장 밀접하게 연결되어 이루어졌다는 점이다.

우선, 창의성과 관련하여 흥미로운 연구들이 많이 진행되었다. 정서가 창의성에 미치는 영향은 복합적으로 설명되는데, 첫째는 긍정 정서가 효과를 갖는다는 논의이다. 예를 들어, Amabile과 동료들(2005)은 신제품개발팀 등 창의성을 중시하는 프로젝트팀의 구성원을 대상으로 연구하여 긍정 정서가 창의성에 유의한 영향을 주는 것을 입증하였다. 긍정 정서는 인지적 변화를 자극하는데, 뇌의 도파민 수준을 높임으로써 대안적인 인지 과정을 활성화시키고 이로 인해 다양한 아이디어나 대안적 해결책을 생각해 낼 수 있게 된다.

두 번째 논의는 부정 정서와 창의성 간의 관계인데, 부정 정서는 창의성에 방해가 된다는 주장과 창의성에 오히려 도움이 된다는 주장이 혼재되어 있다. 우선 부정 정서가 창의성에 부정적인 영향을 준다는 논의는 Staw와 동료들의 연구(1981)의 위협경직성(Threat rigidity) 개념에서 설명된다. 위협경직성은 사람들이 위협을 인지하는 상황에서는 방어적이며 폐쇄적인 자세를 보이게 되어 새로운 것을 추구하기보다는 일상적인 것에 매몰되는 경향을 의미한다. 예를 들어서, 실패 경험을 하는 경우에는 부정 정서가 발생하여 학습행동이 감소되는 결과를 낳게 되는 것이다(Chang & Chin, 2020). 반대로 부정 정서가 창의성에 도움이 된다는 주장도 설득력이 있다. 정보로서 감정 이론(affect as information theory, Schwarz & Clore, 2003)에 따르면, 부정 정서는 지금 처한 상황에서 문제가 있음을 느끼게 만드는 정보를 제공하여 데이터에 더 많은 관심을 갖고 문제를 체계적으로 분석하게 만든다. 즉, 긍정 정서는 쉽게 만족하고 더 이상의 노력을 투입하지 않도록 하지만 부정 정서는 더 나은 전략을 계속 추구하도록 압력을 주어 창의성에 도움이 된다는 주장이다.

정서와 창의성에 대한 세 번째 논의는 긍정 및 부정 정서가 동시에 작동할 때 창의성이 높다는 주장이다(Bledow et al., 2013; De Dreu et al., 2008; George & Zhou, 2007). 이들은 부정적인 정서가 문제를 빠르게 식별하게 하고 현상에 대한 문제 의식을 자극함으로써 아이디어를 개발하고 좋은 해결책에 도달하기 위해 많은 노력을 기울이도록 만드는 반면 긍정적인 정서는 자신감을 끌어올리고 새로운 생각을 하도록 촉진하기에 긍정 정서와 부정 정서가 각각 차별화된 효과를 갖는다는 점을 지적한다.

정서 연구와 관련하여 또 다른 의미있는 논의들이 단절적인(discrete) 감정을 중심으로 이루어졌다. 특정의 단절적인 감정들은 특정의 행동에 강한 영향력을 발휘한다는 주장인데(Lee & Duffy, 2019), 대표적인 논의가 질투 또는 선망이라는 단어로 번역되는 'envy'에 대한 연구이다. 주어진 자원과 자리를 놓고 경쟁해야 하는 직장인들에게 동료의 성공은 자칫 자신의 손실을 의미할 수 있기에 질투감과 같은 감정이 발생한다. 질투감은 기본적으로 자신이 열망하지만 갖지 못하는 무언가를 갖고 있는 다른 사람들과의 (유쾌하지 않은) 비교에서 발생한다. 이러한 감정은 두 가지의 상반된 방향으로 진전되는데, 적대심을 갖게 되고 친밀감이 감소하며, 상대방을 폄하하는 행동을 보이는 등의 부정적인 결과를 가지고 오기도 하지만 그 사람에게서 배우고자 하는 열의나 업무에 대한 자신의 동기를 증가시켜서 성과향상을 가지고 올 수도 있다(Tai et al., 2012). 이때 개인적인 차이가 설명될 수 있는데, Lee와 Duffy의 연구(2019)는 핵심자기평가(core self-evaluation) 정도가 높은 사람들은 스스로의 가치나 역량에 대하여 높은 평가를 하기 때문에 자기개발의 기회를 모색하며 좋은 관계를 유지하고자 하는 성향을 보임으로 인하여 질투라는 감정에 긍정적인 반응을 보이게 된다고 설명한다. 이들 연구들은 기존의 동기이론들과 연결되면서 이론적 확장에 기여하는데, 예를 들어, Tai와 동료들의 연구(2012)가 공정성이론에 기반하여 타인과의 비교에서 불편함을 인지하는 불공정한 인지를 강조하였다면, Lee와 Duffy의 연구(2019)는 간접 경험이라는 사회적 학습이론과의 연결성을 보여주고 있다.

2

동기 논의들에 있어서 새로운 세대에 대한 새로운 고민이 필요하다

매우 많은 연구가 이루어졌고 지속적으로 이루어지고 있지만 대표적인 동기 이론들의 핵심적인 내용들은 20세기에 구축되었다. 동기 연구는 기본적으로 사람에 대한 연구라서 사람이 변하면 이론도 변화해야 한다. 그런 점에서 20세기 직장인들을 대상으로 구축된 이론들은 베이비부머 세대들을 대상으로 하였고 그러한 점은 향후 연구에서 고민되어야 할 부분이다. 베이비부머는 1946년에서 1964년 사이에 출생한 인력을 의미한다. 이후 1981년까지 출생한 인력을 X세대라고 부르며 1982년 이후 출생자들을 밀레니얼 세대라고 칭한다. 물론 사람들의 가치관에 영향을 미치는 중요한 사건들이 국가별로 다를 뿐 아니라(김나정, 2014) 개인별로도 차이가 있기 때문에 단순히 출생년도에 기반한 구분이 (최소한 동기 관리 측면에서는) 큰 의미를 갖지는 않는다. 그리고 조직에서는 조직 사회화 과정을 통하여 구성원들의 태도 및 행동에 큰 영향을 미치기 때문에 작업장에서의 동기는 소비 패턴과 같은 개인적인 행동 영역에서 발생하는 세대간 변화(이홍승·김준환, 2021)에 비하여 상대적으로 덜 민감할 수 있다. 하지만 개인들의 가치나 특성이 행동의 주요한 원인이 된다는 것은 동기 분야의 핵심적인 전제이기 때문에 이러한 세대 변화를 간과해서도 안될 것이다.

Ohmae는 이미 1995년에 'Letter from Japan'이라는 기고문을 통하여 이러한 흐름을 예측한 바 있다. 전후 국가나 조직에 자신들을 희생하며 평생고용이라는 가치를 중시하고 가족에게 정서적인 의존을 했던 부모 세대와는 달리 닌텐도라는 게임을 즐기며 성장한 신세대들은 상황에 따라 여러 역할을 수행하는 데에 익숙하게 되었고, 게임의 규칙을 통하여 세상을 인지하며 성장했다. 그래서 원하지 않은 상태에 이르면 언제든지 게임을 다시 시작하는 것과 같이 관계를 다시 구축하고자 하고, 자신들의 미래는 자신들이 결정한다는 믿음을 갖게 되었으며, 한번 만난 적도 없고 다른 문화에 속하는 사람들이더라도 같은 게임을 즐긴다는 이유로 가족보다 가까운 동료의식을 형성하기도 한다. 이러한 가치는 이전 세대와는 매우 상반되는 태도와 행동을 발생시킬 수 있다.

국내에서도 신세대들의 독특한 가치에 대한 연구들이 시작되었다. 예를 들어, 예지은·진현(2009)은 신세대 직장인들과의 인터뷰를 통하여 자기중심적 가치, 권위주의에 대한 거부, 새로운 것에 대한 적응력 등이 신세대들의 특성이라고 설명하였다. 또한 황춘호·김성훈(2019)은 가치관이 뚜렷하고 일에 대한 성취욕구가 크며 새로운 도전을 즐기고 상호 소통의 커뮤니케이션을 선호한다고 밀레니얼 세대의 특징을 설명하면서 동시에 이들은 특히 외재적 보상에 대한 선호가 다른 세대들보다 두드러진다고 주장한다. 동시에 신세대 인력들은 직장에 충실한 삶보다는 일에서 느끼는 기쁨, 즐거움, 자기 발전, 그리고 균형된 삶을 사는 것에 더욱 높은 가치를 둔다는 논의도 있다(이혜정·유규창, 2013). 이러한 전반적인 가치관의 차이에 더하여, '언택트' 문화의 확장이나 재택근무 등 작업 방식의 변화로 인하여 구성원들 간의 공간적인 거리감이 증가하여 동질감이나 조직에 대한 몰입감도 감소하는 상황이 되었다는 지적(Ashforth, 2020; Kniffin et al., 2021; Spicer, 2020)도 주지하여야 한다. 물론, 신세대라고 표현하여도 구체적인 연령대 및 집단의 정의는 학자마다 차이가 있을 뿐 아니라 동기라는 것이 어차피 개인적인 차원의 개념이기 때문에, 신세대 구성원 집단 전체에서 어떤 동기가 가장 높을 것인가를 논의하는 것은 적절하지 않을 것이다.

앞서 각 이론들을 설명하는 부분부분에서도 이러한 변화가 갖는 의미들에 대한 설명을 하였지만, 신세대들의 특성은 분명 작업장에서 그들의 동기에도 영향을 줄 수 있다. 하지만, 세 영역들 각각에 신시대적 가치가 영향을 줄 수 있어서 어떠한 영역이 가장 부각될지 또는 동기 이론들이 어떠한 방향으로 통합되어 연구될지에 대해서 속단하기는 어렵다. 다만 개략적인 흐름을 짚어보자면, 우선, 신세대의 자아, 신념, 정체성에 대한 인식 강화는 내재적 동기의 중요성을 증가시킬 것이다. 신세대들은 명령과 지시보다는 자기 결정감을 중요시하기 때문에 내재적 동기의 중요성이 배가될 것이다. 한편, 신세대들은 특히 공정성 이슈에 민감하다. 요즘 사회적으로도 '공정성'이 핵심적인 키워드로 부상하고 있는 것처럼, 조직에서도 상사의 기득권을 당연하게 받아들였던 이전 세대와는 달리 공정한 배분에 대한 민감도가 증가하고 있다. 이에 따라,

근무 시간이나 일과 삶의 균형과 같은 외재적 요소들의 중요성 또한 충분히 부각될 수 있다. 하지만 가장 큰 효과는 아무래도 정보에 기반한 인지적 동기에서 찾아볼 수 있지 않을까 생각된다. 신세대들이 예전 세대와 가장 차별화되는 점은 어려서부터 디지털, 모바일 환경에 익숙하며 개인 SNS를 통하여 소통하면서 성장하였다는 점이다. 이러한 특성은 자신이 신체적으로 속한 조직이나 국가에 대한 경계를 중시하지 않고 글로벌하게 유사한 가치관이 형성된다거나 공통적인 이해관계를 구축하게 한다. 이 모든 것들이 정보의 흐름을 통하여 형성되는 것이다. 따라서 인지적 측면에서의 동기 효과도 분명 중요한 영역으로 성장할 것으로 기대된다. 21세기의 동기 이론들이 20세기에 비하여 어떠한 변모를 거듭할 것인지는, 학문적으로나 실무적으로도 정말 흥미진진한 큰 관심사가 아닐 수 없다.

마지막으로, 신세대의 가장 대표적인 특징은 다양한 경험을 통한 자신의 성장을 더욱 중요시 한다는 점이다. 한 직무에서 우수한 성과를 내고 있더라도 안주하기보다는 다른 직무를 하고 싶어하는 욕구, 즉 성장하고자 하는 동기가 높다는 다양한 조사 결과가 있다. 예를 들어, 갤럽은 밀레니얼을 한마디로 '잡 호퍼(job hopper)'라고 명칭하고 있다. 밀레니얼은 매년 20% 이상이 이직하고 있으며 이 수치는 타 세대의 3배에 이른다(Gallup, 2016). 다른 세대는 15%만 다른 직업에 관심이 있다고 응답한 반면 밀레니얼은 60%가 다른 직업에 관심이 있다고 대답하였을 정도로 새로운 경험에 관심이 높았다. 또한 밀레니얼이 직업을 고를 때 가장 중요시 하는 것은 스스로 성장하고 학습할 수 있는 기회라고 59%의 밀레니얼이 응답하였으며, 보상과 승진 기회에 대하여 각각 48%와 50%가 중요하다고 응답하였다. 직원 평균 연령 28세의 페이스북의 예를 잠깐 살펴보자. 페이스북은 HBR 기고에서 직원들을 동기부여시키는 가장 중요한 세 가지 요소를 발표했는데 이는 경력(career), 커뮤니티(community), 목적의식(cause)이다(Goler et al., 2018.2.20). 이 세 가지 요소 중 신세대가 가장 중요시하는 동기는 경력이었다. 신세대는 직무 수행시 자율권을 충분히 가지고 일을 하고 싶어 하고 자신의 강점을 활용하길 원하며, 직무를 통해 자신을 성장시키고 발전시키는 등 경력을 가장 중요한 동기라고 응답하였다. 또한 직원들은 직무를 옮기고자 하는 이유를 같이 일하는 상사보다는 자신의 직무에 대한 흥미와 경력 성장 여부 때문이라고 응답하였으며, 현재 조직에 남고 싶다고 대답한 직원들은 이직을 고려하는 직원들보다 해당 직무에서 새로운 스킬을 배우고 성장할 기회가 있다는 응답을 37%나 높게 보였다(Goler et al., 2018.1.11.). 따라서 신세대가 가지고 있는 성장 동기를 기업에서 어떻게 자극하고 만족시키느냐가 신세대의 업무 몰입과 조직 몰입을 이끄는 핵심 요소가 될 것이다. 이러한 신세대 동기는 21세기형 새로운 동기 이론을 이끌어 내는 데에 중요한 역할을 할 것으로 보인다.

이제 동기의 현상과 이해에 대한 백년의 여행을 마무리하며, 앞으로 펼쳐질 새로운 동기 논의의 멋진 백년을 기대해본다.

참고문헌
References

Acevedo, A. (2018). A personalistic appraisal of Maslow's needs theory of motivation: From 'humanistic' psychology to integral humanism. *Journal of Business Ethics*, 148, 741–763.

Adams, J. S. (1963). Toward an understanding of inequity. *Journal of Abnormal and Social Psychology*, 67(5), 422–436.

Ahearne, M., Mathieu, J., & Rapp, A. (2005). To empower or not to empower your sales force? An empirical examination of the influence of leadership empowerment behavior on customer satisfaction and performance. *Journal of Applied Psychology*, 90, 945–955.

Alfayad, Z., & Arif, L. S. M. (2017). Employee voice and job satisfaction: An application of Herzberg's two-factor theory. *International Review of Management and Marketing*, 7(1), 150–156.

Amabile, T. M. (1988). A model of creativity and innovation in organizations. *Research in Organizational Behavior*, 10(1), 123–167.

Amabile, T. M., Barsade, S. G., Mueller, J. S., & Staw, B. M. (2005). Affect and creativity at work. *Administrative Science Quarterly*, 50(3), 367–403.

Ambrose, M. L., & Arnaud, A. (2005). Are procedural justice and distributive justice conceptually distinct?. *Handbook of Organizational Justice*, 59–84.

Anderson, N., Potočnik, K., & Zhou, J. (2014). Innovation and creativity in organizations: A state-of-the-science review, prospective commentary, and guiding framework. *Journal of Management*, 40(5), 1297–1333.

Anderson, S. E., & Williams, L. J. (1996). Interpersonal job, and individual factors related to helping processes at work. *Journal of Applied Psychology*, 81(3), 282–296.

Ashforth, B. E. (2020). Identity and identification during and after the pandemic:

How might COVID-19 change the research questions we ask? *Journal of Management Studies*, 57(8), 1763-1766.

Bandura, A. (1986). *Social Foundations of Thought and Action: A Social-Cognitive Theory*. Englewood Cliffs, NJ: Prentice Hall.

Bandura, A. (2002). Social cognitive theory in cultural context. *Applied Psychology*, 51(2), 269-290.

Bandura, A. (2012). On the functional properties of perceived self-efficacy revisited. *Journal of Management*, 38(1), 9-44.

Bandura, A., & Locke, E. A. (2003). Negative self-efficacy and goal effects revisited. *Journal of Applied Psychology*, 88(1), 87-99.

Bangerter, A., Roulin, N., & König, C. J. (2012). Personnel selection as a signaling game. *Journal of Applied Psychology*, 97(4), 719-738.

Barber, A. E., & Roehling, M. V. (1993). Job postings and the decision to interview: A verbal protocol analysis. *Journal of Applied Psychology*, 78(5), 845-856.

Barnea, A., Haugen, R.A. & Senbet, L.W. (1985). *Agency Problems and Financial Contracting*. Prentice-Hall, Inc., Englewood Cliffs, NJ.

Barrick, M. R., Mount, M. K., & LI, N. (2013). The theory of purposeful work behavior: The role of personality, higher-order goals, and job characteristics. *Academy of Management Review*, 38(1), 132-153.

Bassett-Jones, N., & Lloyd, G. C. (2005). Does Herzberg's motivation theory have staying power?. *Journal of Management Development*, 24(10), 929-943.

Behling, O., & Labovitz, G., & Kosmo, R. (1968). The Herzberg controversy: A critical reappraisal. *Academy of Management Journal*, 11(1), 99-108.

Behrend, T. S., Baker, B. A., & Thompson, L. F. (2009). Effects of pro-environmental recruiting messages: The role of organizational reputation. *Journal of Business and Psychology*, 24, 341-350.

Benson, S. G., & Dundis, S. P. (2003). Understanding and motivating health care employees: integrating Maslow's hierarchy of needs, training and technology. *Journal of Nursing Management*, 11(5), 315-320.

Berg, J. M., Wrzesniewski, A., & Dutton, J. E. (2010). Perceiving and responding to challenges in job crafting at different ranks: When proactivity requires adaptivity. *Journal of Organizational Behavior*, 31(2-3), 158-186.

Bidwell, M., Won, S., Barbulescu, R., & Mollick, E. (2015). I used to work at Goldman Sachs! How firms benefit from organizational status in the market for human capital. *Strategic Management Journal*, 36(8), 1164–1173.

Birnbaum, P. H., & Farh, J. L., & Wong, G. Y. (1986). The Job characteristics model in Hong Kong. *Journal of Applied Psychology*, 71(4), 598–605.

Bledow, R., Rosing, K., & Frese, M. (2013). A dynamic perspective on affect and creativity. *Academy of Management Journal*, 56(2), 432–450.

Bockman, V. M. (1971). The herzberg controversy. *Personnel Psychology*, 24(2), 155–189.

Boivie, S., Graffin, S. D., & Pollock, T. G. (2012). Time for me to fly: Predicting director exit at large firms. *Academy of Management Journal*, 55(6), 1334–1359.

Bono, J. E., & Judge, T. A. (2003). Core self-evaluations: A review of the trait and its role in job satisfaction and job performance. *European Journal of Personality*, 17(1), 5–18.

Boulding, W., & Kirmani, A. (1993). A consumer–side experimental examination of signaling theory: Do consumers perceive warranties as signals of quality? *Journal of Consumer Research*, 20(1), 111–123.

Bowling, N. A., Eschleman, K. J., Wang, Q., Kirkendall, C., & Alacon, G. (2010). A meta-analysis of the predictors and consequences of organization–based self–esteem. *Journal of Occupational and Organizational Psychology*, 83(3), 601–626.

Brenner, V. C., Carmack, C. W., & Weinstein, M. G. (1971). An empirical test of the motivation–Hygiene Theory. *Journal of Accounting Research*, 9(2), 359–366.

Cameron, J., & Pierce, W. D. (1994). Reinforcement, reward, and intrinsic motivation: A meta–analysis. *Review of Educational Research*, 64(3), 363–423.

Centers, R. (1948). Motivational aspects of occupational stratification. *The Journal of Social Psychology*, 28(2), 187–217.

Chang, E. & Chin, H. (2020). Failure and learning behavior: The role of supervisory support. *Korean Journal of Management*, 28, 33–60.

Chang, E., & Taylor, M. S. (1999). Control in multinatioal corporations (MNCs): The case of Korean manufacturing subsidiaries. *Journal of Management*, 25(4), 541–565.

Chang, E. & Chin, H. (2018). Signaling or experiencing: Commitment HRM effects on recruitment and employees' online ratings. *Journal of Business Research*, 84, 175–185.

Chang, E., Chin, H., Lee, J., & Chung, K. S. (2020). More than money: The importance of social exchanges for temporary low-skilled migrant workers'workplace satisfaction. *International Migration*, 58(2), 143-161.

Chang, E., Chin, H., & Choi, M. (2021). Empowerment effects on creative behaviors in a multiple project team membership context: An individual-level analysis. *Korean Journal of Management*, 29(1), 25-57.

Chang, S., Jia, L., Takeuchi, R., & Cai, Y. (2014). Do high-commitment work systems affect creativity? A multilevel combinational approach to employee creativity. *Journal of Applied Psychology*, 99(4), 665-680.

Chen, G., & Bliese, P. D. (2002). The role of different levels of leadership in predicting self-and collective efficacy: Evidence for discontinuity. *Journal of Applied Psychology*, 87(3), 549-556.

Cober, R. T., Brown, D. J., & Keeping, L. M., & Levy, P. E. (2004). Recruitment on the net: How do organizational web site characteristics influence. *Journal of Management*, 30(5), 623-646.

Colquitt, J.A, Conlon, D. E., Wesson, M. J., Porter, C. O. L. H., & Ng, K.Y. (2001). Justice at the millennium: A meta-analytic review of 25 years of organizational justice research. *Journal of Applied Psychology*, 86, 425-445.

Connelly, B. L., Certo, S. T., Ireland, R. D., & Reutzel, C. R. (2011). Signaling theory: A review and assessment. *Journal of Management*, 37(1), 39-67.

Cummings, J. N., & Haas, M. R. (2012). So many teams, so little time: Time allocation matters in geographically dispersed teams. *Journal of Organizational Behavior*, 33(3), 316-341.

Daniels, K. (2006). Rethinking job characteristics in work stress research. *Human Relations*, 59(3), 267-290.

Dartey-Baah, K., & Amoako, G. K. (2011). Application of Frederick Herzberg's two-factor theory in assessing and understanding employee motivation at work: a Ghanaian Perspective. *European Journal of Business and Management*, 3(9), 1-8.

De Dreu, C. K., Baas, M., & Nijstad, B. A. (2008). Hedonic tone and activation level in the mood-creativity link: toward a dual pathway to creativity model. *Journal of Personality and Social Psychology*, 94(5), 739-756.

Deci, E. & Flaste, R. (1995). *Why We Do What We Do: Understanding Self-Motivation*. Penguin Books London.

Deci, E. L., Koestner, R., & Ryan, R. M. (1999). A meta-analytic review of experiments examining the effects of extrinsic rewards on intrinsic motivation.

Psychological Bulletin, 125(6), 627–668.

Deci, E. L., Olafsen, A. H., & Ryan, R. M. (2017). Self-determination theory in work organizations: The state of a science. *Annual Review of Organizational Psychology and Organizational Behavior,* 4, 19–43.

Deci, E. L., Ryan, R. M., & Koestner, R. (1999). A Meta-Analytic Review of Experiments Examining the Effects of Extrinsic Rewards on Intrinsic Motivation, *Psychological Bulletin,* 125(6), 627–668.

DeShields Jr, O. W., Kara, A., & Kaynak, E. (2005). Determinants of business student satisfaction and retention in higher education: applying Herzberg's two-factor theory. *International Journal of Educational Management,* 19(2), 128–139.

DeShon, R. P., & Gillespie, J. Z. (2005). A motivated action theory account of goal orientation. *Journal of Applied Psychology,* 90(6), 1096–1127.

Devaro, J., Li, R., & Brookshire, D. (2007). Analysing the job characteristics model: New support from a cross-section of establishments. *The International Journal of Human Resource Management,* 18(6), 986–1003.

Dineen, B. R., & Allen, D.G (2016). Third party employment branding: Human capital inflows and outflows following "best places to work" certifications. *Academy of Management Journal,* 59(1), 90–112.

Edmondson, A. (1999). Psychological safety and learning behavior in work teams. *Administrative Science Quarterly,* 44(2), 350–383.

Edwards, J. R., & Cable, D. M. (2009). The value of value congruence. *Journal of Applied Psychology,* 94(3), 954–677.

Eerde, W., & Thierry, H. (1996). Vroom's expectancy models and work-related criteria: A meta-analysis. *Journal of Applied Psychology,* 81(5), 575–586.

Eisenberger, R. (1992). Learned industriousness. *Psychological Review, 99*(2), 248–267.

Eisenberger, R., & Armeli, S. (1997). Can salient reward increase creative performance without reducing intrinsic creative interest? *Journal of Personality and Social Psychology,* 72(3), 652–663.

Eisenberger, R., Armeli, S., & Pretz, J. (1998). Can the promise of reward increase creativity? *Journal of Personality and Social Psychology,* 74(3), 704–714.

Eisenhardt, K. M. (1988). Agency- and institutional-theory explanations: The case of retail sales compensation. *Academy of Management Journal,* 31(3), 488–511.

Eisenhardt, K. M. (1989). Agency theory: An assessment and review. *Academy of Management Review*, 14(1), 57–74.

Erez, M., Earley, P. C., & Huling, C. L. (1985). The impact of participation on goal acceptance and performance: A two-step model. *Academy of Management Journal*, 28(1), 50–66.

Etzion, D., Pe`'Er, A. (2014). Mixed signals: A dynamic analysis of warranty provision in the automotive industry, 1960–2008. *Strategic Management Journal*, 35(11), 1605–1625

Farmer, S. M., & Tierney, P. (2017). Considering creative self-efficacy: Its current state and ideas for future inquiry. In *The Creative Self*, 23–47. Academic Press.

Fong, E. A., & Tosi, Jr. H. L. (2007). Effort, performance, and conscientiousness: An agency theory perspective. *Journal of Management*, 33(2), 161–179.

Frazier, M. L., Fainshmidt, S., Klinger, R. L., Pezeshkan, A., & Vracheva, V. (2017). Psychological safety: A meta-analytic review and extension. *Personnel Psychology*, 70(1), 113–165.

Friedman, R. S. (2009). Reinvestigating the effects of promised reward on creativity. *Creativity Research Journal*, 21(2–3), 258–264.

Gallup. (2016). How millennials want to work and live.

Gambrel, P. A., & Cianci, R. (2003). Maslow's hierarchy of needs: Does it apply in a collectivist culture. *The Journal of Applied Management and Entrepreneurship*, 8(2), 143–161.

George, J. M., & Zhou, J. (2007). Dual tuning in a supportive context: Joint contributions of positive mood, negative mood, and supervisory behaviors to employee creativity. *Academy of Management Journal*, 50(3), 605–622.

Gerrard, L. E., Poteat, G. M., & Ironsmith, M. (1996). Promoting children's creativity: Effects of competition, self-esteem, and immunization. *Creativity Research Journal*, 9(4), 339–346.

Ghazi, S. R., & Shagzada, G., & Khan, M. S. (2013). Resurrecting Herzberg's two factor theory: An implication to the university teachers. *Journal of Educational and Social Research*, 3(2), 445–451.

Goler, L., Gale, J., Harrington, B., & Grant, A. (2018). The 3 things employees really want: career, community, cause. *Harvard Business Review*.

Goler, L., Gale, J., Harrington, B., & Grant, A. (2018). Why people really quit their jobs. *Harvard Business Review*.

Gordon, H. J., Demerouti, E., Le Blac, P. M., Bakker, A. B., Bipp, T., & Verhagen, M. A. (2018). Individual job redesign: Job crafting interventions in healthcare. *Journal of Vocational Behavior*, 104, 98–114.

Goud, N. (2008). Abraham Maslow: A personal statement. *Journal of Humanistic Psychology*, 48(4), 448–451.

Grant, A. M., & Berry, J. W. (2011). The necessity of others is the mother of invention: Intrinsic and prosocial motivations, perspective taking, and creativity. *Academy of Management Journal*, 54(1), 73–96.

Greenberg, G. (1990). Employee theft as a reaction to underpayment inequity: The hidden cost of pay cuts. *Journal of Applied Psychology*, 75(5), 561–568.

Greenberg, J. (2000). Promote procedural justice to enhance acceptance of work outcomes. *The Blackwell Handbook of Principles of Organizational Behaviour*, 189–204.

Haase, J., Hoff, E. V., Hanel, P. H., & Innes-Ker, Å. (2018). A meta-analysis of the relation between creative self-efficacy and different creativity measurements. *Creativity Research Journal*, 30(1), 1–16.

Hackman et al. (1975). A new strategy for job enrichment. *California Management Review*, 17, 58.

Hackman, J. & Oldham, G. (1975). Development of the job diagnostic survey. *Journal of Applied Psychology*, 60, 160.

Hackman, J. R. & Oldham, G. R. (1976). Motivation through the design of work: Test of a theory. *Organizational Behavior And Human Performance*, 16, 250–279.

Hall, D. T., & Nougaim, K. E. (1968). An examination of Maslow's need hierarchy in an organizational setting. *Organizational Behavior and Human Performance*, 3(1), 12–35.

Hammond, M. M., Neff, N. L., Farr, J. L., Schwall, A. R., & Zhao, X. (2011). Predictors of individual-level innovation at work: A meta-analysis. *Psychology of Aesthetics, Creativity, and the Arts*, 5(1), 90–105.

Hastings, R. & Meyer, E. (2020). *No Rules Rules: Netflix and the Culture of Reinvention*. Penguin Press.

Herzberg, F. (1968). One more time: How do you motivate employees?. *Harvard Business Review*, 46, 53–62.

Herzberg, F. (1987). One more time: How do you motivate employees? *Harvard Business Review*, 8.

Heyman, G. D., & Dweck, C. S. (1992). Achievement goals and intrinsic motivation: Their relation and their role in adaptive motivation. *Motivation and Emotion*, 16(3), 231–247.

Hoffman, B. J., & Woehr, D. J. (2006). A quantitative review of the relationship between person-organization fit and behavioral outcomes. *Journal of Vocational Behavior*, 68(3), 389–399.

Hoffman, E. (2011). The life and legacy of Abraham Maslow: Why Abraham Maslow still matters. *Psychology Today*, 44(5). 1–2.

Holland, P., Pyman, A., Cooper, B.K., Teicher, J. (2011), Employee voice and job satisfaction in Australia: The centrality of direct voice. *Human Resource Management*, 50(1), 95–111.

Hofstede, G. (1980). Motivation, leadership, and organization: Do American theories apply abroad?. *Organizational Dynamics*, 9(1), 42–63.

House, R. J., & Wigdor, W. A. (1967). Herzberg's dual-factor theory of job satisfaction and motivation: A review of the evidence and a criticism. *Personal Psychology*, 20(4), 369–389.

Huang, L., Krasikova, D. V., & Liu, D. (2016). I can do it, so can you: The role of leader creative self-efficacy in facilitating follower creativity. *Organizational Behavior and Human Decision Processes*, 132, 49–62.

Hur, Y. (2018). Testing Herzberg's two-factor theory of motivation in the public sector: Is it applicable to public managers? *Public Organization Review*, 18, 329–343.

Jensen, M. C., & Meckling, W. H. (1976). Theory of the firm: Managerial behavior, agency costs and ownership structure. *Journal of Financial Economics*, 3(4), 305–360.

Johns, G. (2010). Some unintended consequences of job design. *Journal of Organizational Behavior*, 31(2/3), 361–369.

Jones, D. A., Willness, C. R., & Madey S. (2014). Why are job seekers attracted by corporate social performance? Experimental and field tests of three signal-based mechanism. *Academy of Management Journal*, 57(2), 383–404.

Judge, T. A., & Ilies, R. (2002). Relationship of personality to performance motivation: A meta-analytic Review. *Journal of Applied Psychology*, 87(4), 797–807.

Kahn, W. A. (1990). Psychological conditions of personal engagement and disengagement at work. *Academy of Management Journal*, 33(4), 692–724.

Kanfer, R., & Chen, G. (2016). Motivation in organizational behavior: History, advances and prospects. *Organizational Behavior and Human Decision Processes*, 136, 6–19.

Karwowski, M. (2016). The dynamics of creative self-concept: Changes and reciprocal relations between creative self-efficacy and creative personal identity. *Creativity Research Journal*, 28(1), 99-104.

Kasof, J., Chen, C., Himsel, A., & Greenberger, E. (2007). Values and creativity. *Creativity Research Journal*, 19(2-3), 105-122.

Kauppila, O., & Tempelaar, M. P. (2016). The social-cognitive underpinnings of employees' behaviour and the supportive role of group managers' leadership. *Journal of Management Studies*, 53(6), 1019-1044.

Kihlstrom, R. E., & Riordan, M H. (1984). Advertising as a signal. *Journal of Political Economy*, 92(3), 427-450.

Kinicki, A., & Fugate, M. (2013). Organizational Behavior(5th ed.) New York, NY: McGraw-Hill/Irwin. 127.

Kinicki, A. & Fuagte, M. (2018). *Organizational Behavior: A Practical, Problem-solving Approach*. N.T.: McGraw-Hill Education.

Kleingeld, A., Mierlo, H. V., & Arends, L. (2011). The effect of goal setting on group performance: A meta-analysis. *Journal of Applied Psychology*, 96(6), 1289-1304.

Klimchak, M., Bartlett, A. K., & MacKenzie, W. (2020). Building trust and commitment through transparency and HR competence: A signaling perspective. *Personnel Review*. 49(9). 1897-1927.

Kniffin, K., Narayanan, J., Anseel, F., Antonakis, J., Ashford, S. P., Bakker, A. B., Bamberger, P., Bapuji, H., Bhave, D. P., Choi, V. K., Creary, S. J., Demerouti, E., Flynn, F. J., Gelfand, M. J., Greer, L. L., Johns, G., Kesebir, S., Klein, P. G., Lee, S. Y., Ozcelik, H., Petriglieri, J. L., Rothbard, N. P., Rudolph, C. W., Shaw, J. D., Sirola, N., Wanberg, C. R., Whillans, A., Wilmot, M. P. and Vugt, M. V. (2021). Covid-19 and the workplace: Implications, issues and insights for future research. *American Psychologist*, 76(1), 63-77.

Kossek, E. E., & Block, R. N. (2000). New employment relations. In E. Kossek & R. Block (Eds.), *Managing Human Resources in the 21st Century*, Cincinnati: South-Western College Publishing.

Kristof, A. L. (1996). Person-organization fit: An integrative review of its conceptualizations, measurement, and implications. *Personnel Psychology*, 49(1), 1-49.

Lee, K., & Duffy, M. K. (2019). A functional model of workplace envy and job performance: when do employees capitalize on envy by learning from envied targets? *Academy of Management Journal*, 62(4), 1085-1110.

Lepper, M. R., Greene, D., & Nisbett, R. E. (1973). Undermining children's intrinsic interest with extrinsic reward: A test of the "overjustification" hypothesis. *Journal of Personality and social Psychology*, 28(1), 129–137.

Lepper, M. R., Henderlong, J., & Gingras, I. (1999). Understanding the Effects of extrinsic rewards on intrinsic motivation – Uses and abuses of meta-analysis: Comment on Deci, Koestner, and Ryan. *Psychological Bulletin*, 125(6), 669–676.

Levinthal, D. A., & March, J. G. (1993). The myopia of learning. *Strategic Management Journal*, 14(52), 95–112.

Li, H., Li, F., & Chen, T. (2018). A motivational-cognitive model of creativity and the role of autonomy. *Journal of Business Research*, *92*, 179–188.

Liao, G., Liu, D., & Loi, R. (2010). Looking at both sides of the social exchange coin: A social cognitive perspective on the joint effects of relationship quality and differentiation on creativity. *Academy of Management Journal*, 53(5), 1090–1109.

Lin, C. P., Tsai, Y. H., Joe, S. W., & Chiu, C. K. (2012). Modeling the relationship among perceived corporate citizenship, firms' attractiveness, and career success expectation. *Journal of Business Ethics*, 105, 83–93.

Liu, D., Jiang, K., Shalley, C. E., Keem, S., & Zhou, J. (2016). Motivational mechanisms of employee creativity: A meta-analytic examination and theoretical extension of the creativity literature. *Organizational Behavior and Human Decision Processes*, 137, 236–263.

Liu, S., Bamberger, P., Wang, M., Shi, J., & Bacharach, S. B. (2020). When onboarding becomes risky: Extending social learning theory to expain newcomers' adoption of heavy drinking with clients. *Human Relations*, 73(5), 682–710.

Locke, E. A. (1978). The ubiquity of the technique of goal setting in theories of and approaches to employee motivation. *Academy of Management Review*, 3(3), 594–601.

Locke, E. A, & Latham, G. P. (1990). *A Theory of Goal Setting and Task Performance*. Englewood Cliffs, NJ: Prentice-Hall.

Locke, E. A. (1982). The ideas of Frederick W. Taylor: An evaluation. *Academy of Management Review*, 7(1). 14–24.

Locke, E. A., & Latham, G. P. (2002). Building a practically useful theory of goal setting and task motivation: A 35-year odyssey. *American Psychologist*, 57(9), 705–717.

Locke, E. A., & Latham, G. P. (2004). What should we do about motivation theory? Six recommendations for the twenty-first Century. *The Academy of Management Review*, 29(3), 388-403.

Loher, B. T., Noe, R. A., Moeller, N. L., & Fitgerald, M. P. (1985). A meta-analysis of the relation of job characteristics to job satisfaction. *Journal of Applied Psychology*, 70(2), 280-289.

Lundber, C., Gudmundson, A., & Andersson, T. D. (2009). Herzberg's two-factor theory of work motivation tested empirically on seasonal workers in hospitality and tourism. *Tourism Management*, 30(6), 890-899.

Madjar, N., Greenberg, E., & Chen, Z. (2011). Factors for radical creativity, incremental creativity, and routine, noncreative performance. *Journal of Applied Psychology*, 96(4), 730-743.

Mai, K. M., Christian, J. S., Ellis, A. P. J., &, C. O. L. H. (2016). Examining the effects of turnover intentions on organizational citizenship behaviors and deviance behaviors: A psychological contract approach. *Journal of Applied Psychology*, 101(8), 1067-1081.

Malik, M. A. R., & Butt, A. N. (2017). Rewards and creativity: Past, present, and future. *Applied Psychology*, 66(2), 290-325.

Maslow, A. H. (1943). A Theory of human motivation. *Psychological Review*, 50(4), 370-396.

Maslow. A. H. (1954). *Motivation and Personality*. New York: Harper and Row.

Mathes, E. W. (2006). Maslow's hierarchy of needs as a guide for living. *Journal of Humanistic Psychology*, 21(4), 69-72.

Mathisen, G. E. (2011). Organizational antecedents of creative self-efficacy. *Creativity and Innovation Management*, 20(3), 185-195.

Mathisen, G. E., & Bronnick, K. S. (2009). Creative self-efficacy: An intervention study. *International Journal of Educational Research*, 48(1), 21-29.

Mayes, B. T. (1978). Incorporating time-lag effects into the expectancy model of motivation: A reformulation of the Model. *Academy of Management Review*, 3(2), 374-380.

McFarlin, D. B., & Sweeney, P. D. (1992). Distributive and procedural justice as predictors of satisfaction with personal and organizational outcomes. *Academy of Management Journal*, 35(3), 626-637.

Michael, S. C. (2009). Entrepreneurial signaling to attract resources: the case of franchising. *Managerial and Decision Economics*, 30(6), 405-422.

Michaelson, C. (2005). Meaningful motivation for work motivation theory. *Academy of Management Review*, 30(2), 235-238.

Mitchell, V. F., & Moudgill, P. (1976). Measurement of Maslow's need hierarchy. *Organizational Behavior and Human Performance*, 16(2), 334-349.

Morse, N. C., & Weiss, R. S. (1955). The function and meaning of work and the job. *American Sociological Review*, 20(2), 191-198.

Nelson, P. (1974). Advertising as Information. *Journal of Political Economy*, 82(4), 729-754.

Nyberg, A. (2010). Retaining your high performers: Moderators of the performance-job satisfaction-voluntary turnover relationship. *Journal of Applied Psychology*, 95(3), 440-453.

Nyland, C., Bruce, K., & Burns, P. (2014). Taylorism, the international labour organization, and the genesis and diffusion of codetermination. *Organization Studies*, 35(8), 1-21.

Oerlemans, W. G. M., & Bakker, A. B. (2018). Motivating job characteristics and happiness at work: A multilevel perspective. *Journal of Applied Psychology*, 103(11), 1230-1241.

Ohmae, K. (1995). Competition abroad and consumer discontent at home threaten Japan's tight control over its economy. *Harvard Business Review*, 154-163.

Oldham, G. R., & Hackman, J. R. (2010). Not what it was and what it will be: The future of job design research. *Journal of Organizational Behavior*, 31(2-3), 463-479.

Oldham, G. R., Hackman. J. R., & Jone L, P. (1976). Conditions under which employees respond positively to enriched work. *Journal of Applied Psychology*, 61(4), 395-403.

Ouchi, W. (1981). Organizational paradigms: A commentary on Japanese management and theory Z organizations. Organizational Dynamics, 9(4), 36-43.

Paglis, L. L., & Green, S. G. (2002). Leadership self-efficacy and managers' motivation for leading change. J*ournal of Organizational Behavior: The International Journal of Industrial, Occupational and Organizational Psychology and Behavior*, 23(2), 215-235.

Parker, S. K., Morgeson, F. P., & Johns, G. (2017). One hundred years of work design research: Looking back and looking forward. *Journal of Applied Psychology*, 102(3), 403-420.

Pellegrin. R, J., & Coates, C, H. (1957). Executives and supervisors: Contrasting definitions of career success. *Administrative Science Quarterly*, 1(4), 506-517.

Peng, H., & Wei, F. (2018). Trickle-down effects of perceived leader integrity on employee creativity: A Moderated mediation model. *Journal of Business Ethics*, 150, 837–851.

Pfeffer, J., & Davis-blake, A. (1990). Determinants of salary dispersion in organizations. *A Journal of Economy and Society*, 29(1), 38–57.

Ployhart, R. E. (2006). Staffing in the 21st Century: New challenges and strategic opportunities. *Journal of Management*, 32(6), 868–897.

Porter, C. M., & Woo, S. E. (2015). Untangling the networking phenomenon: A dynamic psychological perspective on how and why people network. *Journal of Management*, 41(5), 1477–1500.

Porter, L. W. (1963). Job attitudes in management: II. Perceived importance of needs as a function of job level. *Journal of Applied Psychology*, 47(2), 141–148.

Pratt, J. W., & Zeckhauser, R. J. (1991). *Principals and Agents: The Structure of Business*. MA: Harvard Business School.

Rahman, H., & Nurullah, S. M. (2014). Motivational need hierarchy of employees in public and private commercial banks. *Central European Business Review*, 3(2), 44–53.

Rider, C. I., Tan, D (2015). Labor market advantages of organizational status: A study of lateral partner hiring by large U.S. law firms. *Organizational Science*, 26(2), 311–631.

Ryan, R. M., & Deci, E. L. (2000). Self-determination theory and the facilitation of intrinsic motivation, social development, and well-being. *American Psychologist*, 55(1), 68–78.

Rynes, S. L., & Barber, A. E. (1990). Applicant attraction strategies: An organizational perspective. *Academy of Management Review*, 15(2), 286–310.

Salamon, S. D., & Deutsch, Y. (2006). OCB as a handicap: an evolutionary psychological perspective. *Journal of Organizational Behavior*, 27, 185–199.

Salancik, G. R & Pfeffer, J. (1978). A social information Processing Approach to Job Attitudes and Task Design. *Administrative Science Quarterly*, 23(2), 224–253.

Sanchez, R. J., Truxillo, D. M., & Bauer, T. N. (2000). Development and examination of an expectancy-based measure of test-taking motivation. *Journal of Applied Psychology*, 85(5), 739–750.

Schwarz, N., & Clore, G. L. (2003). Mood as information: 20 years later. Psychological inquiry, 14(3–4), 296–303.

Shalley, C. E. (1995). Effects of coaction, expected evaluation, and goal setting on creativity and productivity. *Academy of Management Journal*, 38(2), 483-503.

Shalley, C. E., & Perry-Smith, J. E. (2001). Effects of social-psychological factors on creative performance: The role of informational and controlling expected evaluation and modeling experience. *Organizational Behavior and Human Decision Processes*, 84(1), 1-22.

Shao, Y., Nijstad, B. A., & Täuber, S. (2019). Creativity under workload pressure and integrative complexity: The double-edged sword of paradoxical leadership. *Organizational Behavior and Human Decision Processes*, 155, 7-19.

Shin, J., & Grant, A. M. (In Press). When putting work off pays off: the curvilinear relationship between procrastination and creativity. *Academy of Management Journal*.

Simonet, D. V., Narayan, A., & Nelson, C. A. (2015). A social-cognitive moderated mediated model of psychological safety and empowerment. *The Journal of Psychology*, 149(8), 818-845.

Smith, S. A., Kass, S. J., Rotunda, R. J., & Schneider, S. K. (2006). If at first you don't succeed: Effects of failure on general and task-specific self-efficacy and performance. *North American Journal of Psychology*, 8(1), 171-182.

Spence, M. A. (1973). Job market signaling. *Quarterly Journal of Economics*, 87: 355-379.

Spence, M. A. (2002). Signaling in retrospect and the informational structure of markets. *American Economic Review*, 92(3), 434-459.

Spicer, A. (2020). Organizational culture and COVID-19. *Journal of Management Studies*, 57(8), 1737-1740.

Srivastava, A., Bartol, K. M., & Locke, E. A. (2006). Empowering leadership in management teams: Effects on knowledge sharing, efficacy, and performance. *Academy of Management Journal*, 49(6), 1239-1251.

Stajkovic, A. D., & Luthans, F. (1998). Self-efficacy and work-related performance: A meta-analysis. *Psychological Bulletin*, 124(2), 240-261.

Staw, B. M., Sandelands, L. E., & Dutton, J. E. (1981). Threat rigidity effects in organizational behavior: A multilevel analysis. *Administrative Science Quarterly*, 26(4), 501-524.

Sternberg, R.J. (2006). The nature of creativity. *Creativity Research Journal*, 18(1), 87-98.

Sun, L. Y., Zhang, Z., Qi, J., & Chen, Z. X. (2012). Empowerment and creativity: A cross-level investigation. The Leadership Quarterly, 23(1), 55-65.

Sun, S., Vancouver, J. B., & Weinhardt, J. M. (2014). Goal choices and planning: Distinct expectancy and value effects in two goal processes. *Organizational Behavior and Human Decision Processes*, 125(2), 220-233.

Tai, K., Narayanan, J., & McAllister, D. J. (2012). Envy as pain: Rethinking the nature of envy and its implications for employees and organizations. *Academy of Management Review*, 37(1), 107-129.

Tierney, P., & Farmer, S. M. (2002). Creative self-efficacy: Its potential antecedents and relationship to creative performance. *Academy of Management Journal*, 45(6), 1137-1148.

Tierney, P., & Farmer, S. M. (2004). The Pygmalion process and employee creativity. *Journal of Management*, 30(3), 413-432.

Van De Brake, H. J., Water. F., Rink, F. A., & Van der vegt, G. S. (2017). Is multiple team membership a challenge or a hindrance for individual employees? *Academy of Management Proceedings*, 2017(1), 1-6.

Van Dyne, L., Vandewalle, D., & Kostova, T. (1995). Psychological ownership: An empirical examination of its consequences. *Group & Organization Management*, 20(2), 210-226.

Vancouver, J. B., & Thompson, C. M. (2001). The changing signs in the relationships among self-efficacy, personal goals, and performance. *Journal of Applied psychology*, 86(4), 605-620.

Veroff, J., Atkinson, J., Feld, S. C., & Gurin, G. (1960). The use of thematic apperception to assess motivation in a nationwide interview study. *Psychological Monographs: General and Applied*, 74(12), 1-32.

Vroom, V. (1964). *Work and Motivation*. N.Y.: John Wiley and Sons.

Wayne, J. H., & Casper, W. J. (2012). Why does firm reputation in human resource policies influence college students? The mechanisms underlying job pursuit intentions. *Human Resource Management*, 51(1), 121-142.

Weiss, A. (1995). Human capital vs signalling explanations of wages. *Journal of Economic Perspectives*, 9(4), 133-154.

Welsh, D. T., & Baer, M. D. (2020). Hot pursuit: The affective consequences of organization-set versus self-set goals for emotional exhaustion and citizenship behavior. *Journal of Applied Psychology*, 105(2), 166-185.

White, D. D., & Leon, J. (1976). The two-factor theory: New questions, new answers. *Academy of Management Proceedings*, 1976(1), 356-359.

Woodman, R. W., Sawyer, J. E., & Griffin, R. W. (1993). Toward a theory of organizational creativity. *Academy of Management Review*, 18(2), 293-321.

Wrzesniewski, A., & Dutton, J. E. (2001). Crafting a job: Revisioning employees as active crafters of their work. *Academy of Management Review*, 26(2), 179-201.

Zhang, X., & Bartol, K. M. (2010). Linking empowering leadership and employee creativity: The influence of psychological empowerment, intrinsic motivation, and creative process engagement. *Academy of Management Journal*, 53(1), 107-128.

Zhang, X., & Zhou, J. (2014). Empowering leadership, uncertainty avoidance, trust, and employee creativity: Interaction effects and a mediating mechanism. *Organizational Behavior and Human Decision Processes*, 124(2), 150-164.

Zhou, J. (1998). Feedback valence, feedback style, task autonomy, and achievement orientation: Interactive effects on creative performance. *Journal of Applied Psychology*, 83(2), 261-276.

Zhu, Y. Q., Gardner, D. G., & Chen, H. G. (2018). Relationships between work team climate, individual motivation, and creativity. *Journal of Management*, 44(5), 2094-2115.

그랜트 애덤 (2016) *오리지널스: 어떻게 순응하지 않는 사람들이 세상을 움직이는가.* 홍지수 옮김 (서울: 한국경제신문)

김경한. (2004). 목표관리제의 효과성에 대한 영향요인 연구. *한국행정학보*, 38(1), 93-114.

김나정. (2014). 한국 조직사회의 세대별 리더십 인식과 수용의 차이에 대한 단상. *리더십연구*, 5(3), 5-24.

민재형·김범석·하승인 (2015). 기업의 환경, 사회, 지배구조 요인과 재무성과의 관계 : 공유가치창출의 경험적 근거. *경영과학*, 32, 113-131.

예지은·진현. (2009). 신세대 직장인의 특성에 관한 연구. *인적자원개발연구*, 12(2), 67-86.

유규창·박우성. (2007). 성과주의 인사제도의 도입 영향요인 및 조직성과. *인사·조직연구*, 15(3), 187-224.

이승필·김선혁. (2016). 심리적 임파워먼트와 창의성. 한국인적자원관리학회, 3, 381-397.

이정기·이재혁 (2020) "지속가능경영" 연구의 현황 및 발전 방향: ESG 평가지표를 중심으로. *전략경영연구*, 23, 65-92.

이혜정·유규창. (2013). Y세대의 일과 삶의 균형. *노동정책연구*, 13(4), 1-31.

이홍승·김준환. (2021). 코로나19로 인한 식품 소비행태 변화분석: MZ세대를 중심으로.

Journal of Digital Convergence, 19(3), 47–54.

최익성·장영철. (2014). 긍정심리자본, 심리적 임파워먼트와 창의성의 관계에서 내재적 동기의 매개효과 검증. *한국산학기술학회논문지*, 15(6), 3571–3586.

테일러 프레드릭 (2002) *과학적 관리의 원칙*. 박진우 옮김 (서울: 박영사)

황춘호·김성훈. (2019). 대기업 사무직 근로자의 조직몰입과 이직의도에 영향을 미치는 직무만족 요인: 밀레니얼 세대의 특성을 중심으로. *대한경영학회지*, 32(12), 2085–2105.

찾아보기
Index

장은미

연세대학교 경영대학 교수. 연세대학교 영어영문학과를 졸업하고 연세대학교 경영대학원에서 석사학위를, 미국 매릴랜드주립대학에서 박사학위를 받았다. 현대경제연구원의 연구위원, 미국 미시간주립대 조교수, 한국외국어대학교 부교수를 거쳐 연세대학교에 자리 잡았다. 조직행동 및 인적자원관리 분야에서 연구와 강의를 하고 있으며, 인사혁신처 정책자문위원, 고위공무원임용심사위원회위원, 행정자치부 책임운영기관운영위원, 공공기관 경영실적평가위원, KB금융그룹 조직문화쇄신위원회 자문위원, 삼성생명주식회사 자문위원, 그리고 한국폴리텍대학과 ICT폴리텍대학의 비상임이사 등의 활동을 하였다. Journal of Management, Journal of Business Research, Human Resource Management, Journal of World Business, 경영학연구, 인사조직연구 등 국내외 우수 학술지에 논문을 게재하였으며 역서로 팀장을 위한 식스시그마의 기술이 있다.

진 현

삼성경제연구소 인사조직실 수석연구원. 고려대학교 경영학과에서 학부와 석사를 졸업한 후 연세대학교에서 경영학 박사학위를 받았다. 한국과학기술기획평가원, 삼정KPMG를 거쳐 삼성경제연구소에서 근무하고 있다. 조직문화, 세대 이해, 실패와 창의성 등을 연구하고 있으며 최근에는 HR 테크 관련 연구를 수행하고 있다. Human Resource Management, 인사조직연구, 경영학연구 등 국내외 학술지에 논문을 게재하였으며 저서로는 실리콘밸리 사람들은 어떻게 일할까, 일·시간·성과가 있다.

동기: 현상과 이해

초판발행   2021년 6월 18일

지은이   장은미·진 현
펴낸이   안종만·안상준

편 집   배근하
기획/마케팅 장규식
표지디자인   이미연
제 작   고철민·조영환

펴낸곳   (주) **박영사**
            서울특별시 금천구 가산디지털2로 53, 210호(가산동, 한라시그마밸리)
            등록 1959. 3. 11. 제300-1959-1호(倫)

전 화   02)733-6771
f a x   02)736-4818
e-mail   pys@pybook.co.kr
homepage   www.pybook.co.kr
ISBN   979-11-303-1329-0 93320

정 가   13,000원